華人首富

李嘉誠致富心路

姜波　編著

李嘉誠財富方程式

錢財+心富=財富；財富+心貴=富貴

財富不是單單用金錢來比擬的。衡量財富就是我所講的，內心的富貴才是財富。
如果讓我講一句，『富貴』兩個字，它們不是連在一起的。
這句話可能得罪了人，但是，其實有不少人，『富』而不『貴』。
真正的『富貴』，是作為社會的一分子，能用你的金錢，
讓這個社會更好、更進步、更多的人受到關懷。
所以我就這樣想，你的貴是從你的行為而來。　——————　華人首富　李嘉誠

序言：做人與經商一脈相連

李嘉誠，一位白手起家的億萬富翁，人人讚賞有加的事業成功者，一生中很少有負面新聞的大人物，有德財兼備的儒商稱譽。面對這樣一位傳奇人物，我們不禁要問，是什麼讓他有著如此成功的人生？很簡單，他擁有一個很重要的成功因素：做人。

《論語・為政》曰：「人而無信，不知其可也！」綜觀世上所有成功之人，很少有不誠信的。誠信是一種智慧，是一個人、一個企業的生存之本。日本赫赫有名的富商島村芳雄的創業經歷與李嘉誠十分相似。他在幾年時間內迅速崛起，當人們問他在短時間內成為富商的秘訣是什麼時，島村芳雄說：「誠信，我是從一毛錢的誠信起家的。」

李嘉誠亦然。他的成功得益於逆境中自強不息的奮鬥精神，以及出色的商業謀略，然而從根本上成就他的卻是他那種最為樸實的做人原則和為人行事的方式。綜觀李嘉誠幾十年的商海生涯，無處不透露著一個儒商的道德水準和獨特的人格魅力。他始終堅持誠信為本，處世低調，待人豁達，做生意從不做絕，與對手競爭從不乘人之危，成功而不忘回饋社會……

在魚龍混雜的商海裡，他不但沒有遠離做人的道德標準，隨波逐流，也不運用厚黑學「無商不奸、無奸不商」的那套理論，反而貫徹始終，真正做到了做人經商一脈相連。

在李嘉誠一生的商海浮沉中，這樣的實例委實不少，與此相對的，我們能夠想到一個人——周正毅。

李嘉誠號稱「華人首富」，周正毅號稱「上海首富」。李嘉誠和周正毅有很多相同的地方。譬如都是少年艱苦起家，靠炒地產、爛尾樓一鳴驚人。兩個人都是個人奮鬥的典型，不同的是發跡之後，李嘉誠成為財富的榜樣，而周正毅成為問題富豪。同樣的起點，為什麼兩個人的結局竟有如此大的差別？答案也是兩個字：做人。

香港京華山的首席顧問劉夢熊曾做過一個對比：

2002年，一個人旗下的長虹生物科技公司要上市融資，當時長科公司全年的營業收入才幾十萬港元，根本就不贏利，但是股票發行時還是獲得了好幾倍的認購。為什麼？因為香港人相信其信譽。

也是2002年，幾乎在同一個時間，一個人請人幫他收購香港的公司，對方十分認真地接手這件事情，百般努力為他找到了一個擁有幾億現金的乾淨公司「上海地產」。結果呢？事成之後他卻賴掉了幾千萬元的佣金。

在這個故事中，前者是李嘉誠，後者即周正毅。被賴掉佣金的人，就是劉夢熊。他下判斷道：這樣沒誠信，注定要完蛋。

事實很快就驗證了：同樣的利潤，李嘉誠總是少拿一個或幾個百分點，周正毅要的卻是多拿幾個，甚至更多。周正毅缺錢嗎？他不缺錢，但是他最終還是栽在錢上，根源就在一個「貪」字上。面對金錢的強大誘惑，總有人願意鋌而走險，置道德、法律、名譽與良知於不顧，而金錢最終也成為引他們走向淪落深淵的魔鬼。周正毅無疑是個反面的典範。

「問題富豪」落馬是必然的，而李嘉誠的成功也是必然的。貪婪的結果往往是滿盤皆輸。常常有人認為，傳統道德與商業文化大相逕庭，水火不容。但商界「超人」李嘉誠，卻用實踐證明，兩者不但能很好地融為一體，還能從中迸發出更為強烈的能量。

做人是一門藝術，經商也是一門藝術。是藝術就要揣摩，就須加以領會和感悟。的確如此。做人要誠，經商要奸，在這兩種看來完全相悖逆矛盾的思維形態中，我們卻能發現經商與做人其實無二，商場上一次兩次的奸猾可能會得利，但他們不是常勝將軍，沒有人會長期與這種沒有誠信道德的商人打交道。奸商，無疑是自毀門庭。而誠信的人不管走到哪裡，不管際遇現狀如何，從長遠來看，他們才是商場上真正的勝者。

商道亦是人道。做人與經商一脈相連。經商即是做人，商人同樣也要有道德操守，以誠為本，勿以誠信為名行欺詐之實。

做生意，要誠信，更要巧妙地運用誠實。要在適當的時候，以適當的方式，對適當的人講適當的內情。始終講一些圓滑的話語，就如狼來了一般，即使講的是真話也無人相信。故而，信用的作用很大，比起奸商來講不知收穫了多少倍。「經商」助「做人」，「做人」助「經商」。做人與經商聯手行事，達成一種蔚為壯觀的雙贏局面。

綜觀李嘉誠一生商海浮沉，可以看出事實上他始終是把做人看得比任何東西都要重要。要會經商首先要會做人，要做成功的商人，首先要做一個成功的人。李嘉誠不但身體力行，在對子女的教育上亦是如此。他曾坦言在與後輩交談時，「約三分之一談生意，三分之二教他們做人的道理。」

目 contents 錄

目 contents 錄

目 contents 錄

目 contents 錄

第一章 誠信為本

——商道亦人道，打造人格品牌

李嘉誠如是說：

◆未學經商，先學做人。

◆名譽是我的第二生命，有時候比第一生命還重要。

◆與新老朋友相交時，都要誠實可靠，避免說大話。要說到做到，不放空炮，做不到的寧可不說。

◆我生平最高興的，就是我答應幫助人家去做的事，自己不僅是完成了，而且比他們要求的做得更好，當完成這些信諾時，那種興奮的感覺，是難以形容的……

◆在香港還是其他地方做生意，畢竟信用最重要。一時的損失將來還是可以賺回來的，但損失了信譽就什麼事情也不能做了。

做生意無信不立

要成就一番事業並不容易，然而如果有信，則利盡可「擒手可得」。有句古話說得好，成大事者以「信義而著於四海」。李嘉誠精於經商，善於做人。談到做生意的秘訣，李嘉誠最看重的就是一個「信」字。他曾反覆強調，「要令別人對你信任。不只是一個商人，一個國家亦是無信不立。」

關於無信不立，還有這樣一個典故：

《論語》提到，有一次，弟子問孔子如何治國，孔子說要做到三點：要「足食」，有足夠的糧食；「足兵」，有足夠的軍隊；還要得到百姓的信任。

弟子問，如果不得已必須去掉一項，去哪一項？孔子回答：「去兵。」弟子又問，如果還必須去掉一項，去哪一項？孔子說：「去食。民無信不立。」

從中可以發現，「足食」可以等同於做生意中的「錢」；「足兵」可以等同於做生意中的「員工」；「百姓的信任」則可以等同於做生意中自己的「信用」。這樣一來就是說，做生意，沒有很多錢不怕，沒有很多人也不怕，但就怕沒有信用。沒有信用做生意是絕對好不到哪去的。李嘉誠所要告訴人們的，就是這個。

早年李嘉誠創建長江塑膠廠時，生意火紅，產品供不應求。由於有大量訂單，再加上工廠生產能力和水準的限制，李嘉誠在經驗不足的情況下過度擴大生產規模而缺乏注意產品質量，結果導致了許多產品質量問題。結果，許多客戶要求退貨，銀行追債，客戶追款，塑膠廠頓時陷入困境，瀕臨破產。

此時李嘉誠才明白，做生意，要時時刻刻注重信用，不能為求快而放棄質量監管。於是，李嘉誠知錯就改，大力加強工廠的產品品質管制，做到保質保量，按時完成。不久，李嘉誠就用他的誠信打動了銀行、供應商和員工，形勢因之好轉，危機轉化為了商機。

如果李嘉誠沒有領悟到做生意無信不立，那麼很明顯，他的工廠將極有可能就此破產，從此背上繁重的債務苟延殘喘。

不論是對於一個人，還是對於一個企業集團，誠實守信都是其生存的根本所依。沒有了誠信，就失去了別人的信任與尊重，就無法在社會上立足，更不要說發展與成功。

人無信不立。要立事，應先立信。孔子有言：「人而無信，不知其可也」，強調「君子一言，駟馬難追」的鏗鏘落地之聲，這種聲音代表著一種高貴的品質，尤其在人人言而無信的時候，倘若有人依然秉持誠信的品質，那無疑是令人肅然起敬的。

在一次採訪中，李嘉誠道出了他的堅持，他說：我在1950年開始創業時只有5萬塊港幣。開業的那一天是5月1日，公司只剩下幾千塊港幣。所以當時最大的艱難是財務。

但是在這樣的財務威脅下，他依然堅持了一個「信」字。由於在離開萬和塑膠公司前曾經對老闆許諾絕不會搶他的客戶，所以他拒絕了前來他的公司，主動找他合作的原客戶。堅持重新開發新銷售管道。

正是因為這種講信用，讓李嘉誠得以有了很好的聲譽，從而在困難時期得到了許多客戶的諒解和支持從而度過了難關。若是換一個人，或許會動心吧。

李嘉誠曾經說過，其實我不是做生意的材料。為什麼？因為第一，我這個人怕應酬；第二，我不懂得逢迎；第三，誠信的事，我答應人家，就會守信用，但是人家答應我的，就不是很守信用。但是我想通了，就一直做下去吧。所以生意雖然困難，但是因為我肯求取新的知識，所以我的困難只是非常短的時間。一方面做好自己經常的業務，一方面努力去創新，創新雖然有時也會失敗，但是成功了就能賺大錢。這是我的經驗。困難是一種鍛鍊的形式。

在人的一生中，能夠做到堅持誠實與守信並不是一件容易的事。然而，唯其難為，所以可貴。那些經受了考驗，能保持誠實與守信品格的人才會得到人們的信任，從而有機會取得更偉大的成就。而鑄就李嘉誠的輝煌的，無疑信用是其中極其重要的一個因素。

信譽帶來財路

一個平時不怎麼講信譽的人，你願意跟他做朋友、做生意嗎？答案是否定的。一個雖然不認識，但所有人都說他很講信譽的人，那麼你是否願意跟他交朋友、談生意呢？毫無疑問，答案一定是肯定的，甚至於還會主動去找他做生意，因為和誠信的人打交道讓人放心。

李嘉誠也說：「一個企業的開發意味著良好信譽的開始。有了信譽，自然就會有財路，這是必然具備的商業道德，就像做人一樣忠誠、有義氣。」

這就是信譽的力量。越有實力的企業，越能得到人們的信任，也就越容易發展起來。

其實，在某種意義上，誠信如同哲學家康德所說：「誠實比一切智謀更好，而且它是智謀的基本條件。」不論企業或個人，信用一旦建立起來，就會形成一種無形的力量，成為一種無形的財富。

1959年，李嘉誠的長江公司已經徹底立穩腳跟。他並沒有止步，而是選擇了繼續前進——進軍國外。恰好當時來了一位外商，李嘉誠抓緊時機與其獲取了聯繫。一切都很順利，到簽合同時，這位歐洲的批發商給他提出了要求——找一個擔保人。這是一種很常見的方式，怕的就是對方不講信用，難以完成承諾的事情。

李嘉誠為此四處聯絡，但始終沒有找到擔保人。李嘉誠並沒有徹底放棄，他期望能以樣品打動批發商，便連夜趕製。這一舉動徹底征服了歐商。歐商認為，此次合作並不是沒有擔保人，那個擔保人不是別人，正是李嘉誠自己。

這幾乎是一件不可思議的事情，但李嘉誠做到了！由此可見，信譽帶來成就事業的機遇，並且是最可靠的擔保，最有說服力的佐證。

李嘉誠就是這樣經商的。他也收穫了很多，譬如有一次，李嘉誠要和一家擁有大幅土地的公司進行合作，其董事跟其他的同業是好朋友，卻選擇李嘉誠所管轄的長江集團合作。因為這位董事長說，跟李嘉誠合作，合約簽好以後你就高枕無憂，麻煩就沒有，跟其他的人，合約簽好後，麻煩才開始。

在商界，李嘉誠以誠信聞名，他說：「一生之中，最重要的是守信。我現在就算再有多十倍的資金也不足以應付那麼多的生意，而且很多是別人主動找我的，這些都是為人守信的結果。」然而很多人並沒有意識到這一點，而由此帶來的信譽缺失造成的不良影響和經濟損失，已經成為制約企業和個人事業發展的一大障礙。

有一對夫妻自己經營一家燒酒店。丈夫是個老實人，為人真誠、熱情，釀製的酒也好，人稱「小茅臺」。有道是「酒香不怕巷子深」，一傳十，十傳百，燒酒店生意興隆，常常是供不應求。看到生意如此之好，夫妻倆便決定把賺來的錢投進去，再添置一具燒酒設備，擴大生產規模，增加酒的產量。這樣，一可滿足顧客需求，二可增加收入，早日致富。

這天，丈夫外出購買設備，臨行之前，把燒酒店的事都交給了妻子，叮囑妻子一定要善待每一位顧客，誠實經營，不要與顧客發生爭吵……一個月以後，丈夫外出歸來。妻子一見丈夫，便按捺不住內心的激動，神秘兮兮地說：「這幾天，我可知道了做生意的秘訣，像你那樣永遠發不了財。」丈夫一臉愕然，不解地說：「做生意靠的是信譽，咱家燒的酒好，賣的量足，價錢合理，所以大夥才願意買咱家的酒，除此之外還能有什麼秘訣？」

妻子聽後，用手指著丈夫的頭，自作聰明地說：「你這石頭腦袋，現在誰還像你這樣做生意。你知道嗎？這幾天我賺的錢比過去一個月賺的還多。秘訣就是，我往酒裡兌了水。」丈夫一聽，肺都要氣炸了，他沒想到，妻子竟然會往酒裡兌水，他衝著妻子大吼了一句，就把屋內剩下的酒全部都倒掉了。他知道妻子這種坑害顧客的行為，將他們苦心經營的燒酒店的牌子砸了，他知道這意味著什麼。

那以後，儘管丈夫想了許多辦法，竭力挽回妻子給燒酒店信譽所帶來的損害，但「酒裡兌水」這件事還是被顧客發現了，燒酒店的生意日漸冷清，後來不得不關門停業了。

誠信是世界上最好的廣告。自古以來，大至國計民生，小到經商開店，唯有恪守職業道德，以誠信為本，才能創出事業的品牌，很多大商行、大公司的名字和品牌就價值數百萬美元。近年在現實生活中，為促進發展，多數企業崇尚誠信，並相繼建立了誠信機制，將其融入企業發展。但仍有一些部門和單位只顧眼前利益，忽視或無視長遠利益及他人利益，甚至公然侵犯別人的利益。要知道，一時騙人可能能夠得逞，但終究會被發現，由此買單的將不再僅僅是所貪之利那麼少了！

誠信是一把鋒利的寶劍，在漫長的人生旅程中，要想贏得別人的信任、尊重和良好的合作，就必須高舉誠信之劍，它會幫助你在人生的征程中披荊斬棘，走向成功。誠信之劍不是用錢可以買到的，必定要用誠信才能換得。

信譽要實實在在，不要夸夸其談

對於個人，信譽是很重要的東西；對於企業，信譽同樣是很重要的東西。我們知道，在很大程度上成功依靠實力，但如果沒有信譽，那麼實力將很容易變為流氓的鬥毆行徑。只有信譽，可以讓實力成為一種正大光明的競爭力，從而在商海中立住腳跟。

「信譽是事業的生命。綜觀華商的創業歷程，沒有哪一個成功的人是不講誠信的。」年屆古稀的香港中華總商會會長曾憲梓言辭懇切：「廣東話講『牙齒出金石』，就是說一言九鼎，落地成諾。無論企業大小，都要以誠信作為首要的出發點。」

信譽也有虛的，譬如「人前人後不一樣」，這是做給人看的，時間長了必然露餡，這是人所共知的道理。但很多人往往不願意花費太大的力氣在維持良好信譽上，夸夸其談也許不好，但至少會有短期效應，譬如簽合同。但是，在李嘉誠看來，這樣是很不聰明的行為，他說：「一個人一旦失信於人一次，別人下次再也不願意和他交往或貿易往來了。別人寧願去找信用可靠的人，也不願意再找他，因為他的不守信用可能會生出許多麻煩來。」而「當你建立了良好的信譽後，成功、利潤便會隨之而至」。

踏踏實實做事、實實在在做生意，講誠信，贏得信譽才是做生意的根本。這個世界上太多人想要創立一番大事業，卻並沒有都成功。有人玩笑說，「在中國，立志要做李嘉誠第二人的若要排起隊來，從尖沙咀一路排到天安門想必綽綽有餘。」卻很真實。不是因為他們沒有講誠心的資本，而是因為他們沒有堅持。沒有堅持的誠信，不是夸夸其談是什麼？

講信譽不要作表面文章，要實實在在地拿出實際行動來，「用事實說話」。

我們來講個故事，便能很好地說明李嘉誠的話並不是空談。而這個故事，並不是唯一可用的地方，在其他地方，我們仍然會談到。

50年代，李嘉誠常去皇后大道中一間公爵行接洽生意。彼時李嘉誠已經是一個十分富有的大商人了。

他在那裡遇到了一個乞丐，後來，他和這個乞丐發生了一些故事，這個故事也曾被他反覆提起過。

「我經常看見一個四、五十歲長相很斯文的外省婦人，雖是乞丐，但她從不伸手要錢。我每次都會拿錢給她。有一次，天很冷，我看見人們都快步走過，並不理會她，我便和她交談，問她會不會賣報紙。她說她有同鄉幹這行。於是，我便讓她帶同鄉一起來見我，想幫她做這份小生意。時間約在後天的同一地點。客戶偏偏在前一天提出要到我的工廠參觀，客戶至上，我也沒辦法。

「於是在交談時，我突然說了聲『抱歉』，便匆匆跑開。客人以為我上洗手間，其實我跑出工廠，飛車跑到約定地點。途中，超速和危險駕駛的事都做了，但好在沒有失約。見到那婦人和賣報紙的同鄉，問了一些問題後，就把錢交給她。她問我姓名，我沒有說，只要她答應我要勤奮工作，不要再讓我看見她在香港任何一處伸手向人要錢。事畢，我又飛車回到工廠，客戶正著急：『為什麼在洗手間找不到你？』我笑一笑，這件事就這麼過去了。」

這件事情也被李嘉誠多次談起，此事雖小，但細微之處足見李嘉誠講信用是多麼的實實在在。在平日裡，若說李嘉誠遵守信用或許只是分內之事，那麼面對一個普通乞丐卻仍然信守承諾是不是就有些過分呢？而且還插客人的空，晾客人一邊去……

我們可以知道，李嘉誠的信譽並不是憑空來的，也不全是對客戶守信來的。而是對每一個人一視同仁。李嘉誠把誠信比作他的第二生命，有時候比自己的第一生命還重要，這絕不是虛妄之詞。

曾有記者問李嘉誠做生意最大的收穫是什麼時，他說：「那就是誠信，就是不妨把自己看得笨拙一些，而不是投機取巧。」

李嘉誠是笨拙的，因為他無論對誰都是講信譽的，他把恪守信譽當成一種習慣，從未想過要投機取巧，要夸夸其談。也因此，他的成功可說是絕對的。

誠信聚才：「得人才者興」

古有云「得民心者昌，失民心者亡」，今有云「得人才者興，失人才者亡」。前者為治國之本，後者則為企業的生存之本。一個國家得民心，才有國運昌隆；一個企業得人才，才有前程似錦。一個人能力很強也可成事，但單槍匹馬總不如群力為之。聚攏人才於自己麾下，凝練他人的智慧為我所用，事業才能少走彎路，蒸蒸日上。

李嘉誠說：「以誠待人是我生活上堅守不移的原則。」正是李嘉誠那令人廣為傳頌的誠信美德，使得眾多出類拔萃之才紛紛因他而來、由他而聚，心悅誠服地為李家商業王國奉獻自己的聰明才智。

在李嘉誠創業之初，遭遇了嚴重的倒閉威脅。李嘉誠知道是自己的冒進惹了禍。於是他回到工廠召集員工開會，坦誠地承認是自己的經營失誤拖累了工廠，也連累了各位員工。為了工廠能夠存活，只能暫時辭退一部分員工。他當眾向員工賠禮道歉，並承諾道：經營一旦有轉機，辭退的員工如果願意都可回來上班。

這看似只是一種權宜之計罷了，若公司倒閉了還罷，若是經營狀況好了何必請他們這些技術並不夠好，被裁員了的人呢？

然而李嘉誠並沒有食言。1955年的一天，李嘉誠召集全體員工開會。在會場上他表示，經過親自拜訪每一位當初離開的員工，近乎全部員工都回到了公司，每一個人都熱血沸騰。李嘉誠以實際行動證明了自己的誠信，也因此收穫了萬眾一心的團結力量。於是接下來的日子裡他們同舟共濟，終於殺出了一條血路，立穩了腳跟。誠信聚才就是這樣發揮了不可替代的作用。

若是這些不夠人才的資格，那麼我們還可以舉出很多例子，譬如李嘉誠的「左右手」、「客卿」、「洋客卿」。對於李嘉誠的用人之道，有人以一言而蔽之：以誠待人者，人亦以誠應之。

一直追隨李嘉誠左右長達30年的盛頌聲，直到1985年因為舉家移民加拿大才離開長江實業。而身為集團公司副董事總經理的元老重臣周千和，則至今仍追隨在李嘉誠身邊，繼續為他出謀劃策，共守江山。「客卿」杜輝廉備受李嘉誠青睞和賞識，卻堅決拒收薪而為其出謀劃策。我們無法知道這些人這樣做具體是怎樣想的，但我們起碼可以從這些現象中感覺到李嘉誠的誠信待人之道在其中產生的巨大力量。

不僅高層如此，就連最為普通的底層員工也對李嘉誠讚嘆有加，說其所在的公司從未出現拖欠工資的情況，而且福利很好，關心體貼員工。

朱元璋曾說：「予思英賢，有如飢渴。」要招徠人才，誠信是基本原則。

所以，古人說「將欲取之，必先與之」，佛經也說「捨得，捨得，有捨才有得」。這世界上賺了錢的有兩種人，一種是「精明人」，一種是「聰明人」。精明人竭澤而漁，企業第一次賺了100萬，80％歸自己，然後他的手下受到沉重打擊，結果第二次賺回來的就只有80萬。聰明人放水養魚，他第一次賺了100萬，分出80％給手下人，結果，大家更努力，第二次賺回來的就是1000萬！即使他這次把90％分給大家，自己拿到的也足有100萬。等到第三次的時候，大家打下的江山可能就是一億，再往後就是10億。這就叫多贏。獨贏使所有的人越贏越少，多贏使所有的人越贏越多，所以，「精明人」賺小錢，「聰明人」賺大錢。「精明」與「聰明」，一字之差，謬以千里。

諸葛亮說：「士為知己者死。」只要你真心對待人才，讓他們相信你有與他們有福同享的信義，必然能換來他們忠誠的追隨。

如今，經濟全球化，人們隔省、隔市、隔州、跨洋僅憑一紙合同。一張信用狀即可交易，有的在網上都可以交易，那麼一個沒有誠信的企業，誰敢與你交易？如此，不僅不會有顧客與客戶，甚至連員工都難以忠心「護主」了。

誠信是一種公眾的認同感，不僅包括企業的誠信、企業與員工之間的關係、還包括與股東的關係及社會影響和環境影響。誠信是一種財富，誠信是企業招來顧客的吸鐵石，更能為企業吸引最優秀的人才。每年畢業時節，看看有多少畢業生慕名去投大企業的簡歷？他們為的是什麼？企業若無誠信，人人詬之。

《李嘉誠成功之路》一書中這樣寫道：「正因為李嘉誠善於把一批確有真才實學的智囊人物團結在自己的周圍」，「『博採天下之所長，為己所用』，從而保證了他每在關鍵時刻能出奇制勝，化險為夷。」

得人才者興，李嘉誠因此而發達。

做到讓你的敵人都相信你

有這樣一些人，他們耍小聰明，愛做「一次性買賣」，於是他們沒有成功，並且為人不齒；有這樣一些人，他們講誠信，但只對他們的合作夥伴，對對手、敵人卻是無所不用，於是他們有些人過得不錯；又有這樣一些人，他們講誠信到執拗，就是吃虧也不違約，就是對敵人也不捅黑刀，於是這種人成功了。它的其中一個代表，便是李嘉誠。就是這種「不捅黑刀」的、有些愚的行為，讓李嘉誠做到了敵人都相信他，都信任他的奇蹟。

在一次訪談中，李嘉誠講了這樣一番話，於平靜中見波瀾：

「曾經，我有個對手，人家問他，李嘉誠可靠嗎？他說，他講過的話，就算對自己不利，他還是按諾言照做，這點是他的優點。李嘉誠答應人家的事，錯的還是照做。讓敵人都相信你，你就成功了。

「舉個例子，有一次，我們將和一家擁有大幅土地的公司進行合作，他們公司有個董事跟其他的同業是好朋友，有利益的關係，就說為什麼要跟長江集團合作，不考慮其他的公司？他們主席（指董事長）說，跟李嘉誠合作，合約簽好以後你就高枕無憂，麻煩就沒有，跟其他的人，合約簽好後，麻煩才開始。

「這次合作，長江集團賺了很多錢，對方也賺了很多錢，是雙贏。」

對於這種平和的敘述，很多人並不感動。但這就是李嘉誠的風格，只有細細品讀，方能見其中真諦。正因為他心態放得正，做事行得正，並且講求誠信。所以才得到了「敵人」的讚賞，而不是故意踩扁。

他模擬了一場採訪，自問自答說：有人問我做人成功的要訣為何？我認為做人成功的重要條件是：讓你的敵人都相信你。要做到這點，第一是誠信。他強調的第一點，便是誠信。由此可見，誠信的重要性的確非同一般。

讓敵人相信你是一個名副其實的技術。關於「讓敵人相信你」，如果你簡簡單單以為只是誠信就可以做到，那麼很遺憾，你只能歸到第二類人，並不能奢想敵人會在利益面前選擇稱讚你，因為他不夠放心。我們仔細分析一下，會發現李嘉誠所說的「讓敵人相信你」其實就是一種類似的攻心計。讓對手相信你信任你，最終成就你。這樣的例子在歷史上也有不少。諸葛亮七擒孟獲的故事就是其中一例。

李嘉誠認為，敵人相信你，不單只是因為你誠信，還因為他相信你不會傷害他。孔明用兵作戰，就非常重視這種攻心謀略。他七擒七縱收服孟獲，是奪敵將之心的典型例證。李嘉誠的話帶給我們這樣的啟發：在與人競爭時，善於在「攻心」上下工夫，不僅僅靠蠻力，而是靠智慧和誠信，能讓你的對手都相信你，就是贏得真正成功的開始。

這也是強者過招最欣賞的一種方式。

一諾千金，有諾必踐

看過李嘉誠，就常常會想到「一諾千金」這個詞，似乎應該更為確切地說，「一諾億金」。自然，這只是玩笑話，但看過事實，你會有一個更為清晰的印象。

李嘉誠曾這樣講：「如果要取得別人的信任，你就必須做到重承諾，在做出每一個承諾之前，必須經過詳細的審查和考慮。一經承諾之後，便要負責到底，即使中途有困難，也要堅守諾言。」李嘉誠也是這麼做的。

1993年香港的經濟因受世界經濟危機的影響出現不景氣現象，李嘉誠長實集團的生意受到嚴重影響。1992年該公司淨利下跌5.25億元，比1991年下跌62％，1993年，該公司淨利繼續下跌4億多元。社會上紛紛傳聞：「李嘉誠不準備辦汕大了！」

但李嘉誠沒有這樣做，他立刻寫信給汕大籌委會主任吳南生承諾：「鑑於汕大創辦的成功與否，較之生意上以及其他一切得失，更為重要。」同時強調：「我在事業上，一切都可以失敗，但汕頭大學一定要辦下去！」

一句承諾，重於泰山。下承諾很容易，履行諾言卻並不輕鬆。汕大創辦至今30年，李嘉誠捐資已逾40億港元。捐出這筆鉅資，真是「一諾億金」啊！

同樣一諾千金的品質在一些小人物身上也會閃耀，安東尼就是其中的一個。

安東尼開了一家電腦公司，他向顧客承諾：當天訂貨，當天送貨上門。

有一天，一個用戶急需電腦配件，但他卻在離城40公里的工業區裡。安東尼得知後，想派人送去，但員工都下班走光了，於是他便決定自己去送。途中，突然下起了傾盆大雨，河水猛漲，交通阻塞，安東尼的汽車無法行駛。按常理遇到這種特殊情況，安東尼完全有充分的理由返回，但他並沒有被艱險嚇倒，仍勇往直前，巧妙地利用原來存放在汽車裡的一雙溜冰鞋，滑向目的地，平時只要二十幾分鐘的汽車路程，卻變成了4個小時的跋涉。安東尼到達用戶所在地後，又不顧疲憊，及時解除了用戶的困難，使用戶大為感動。

安東尼的堅守用了艱難的四個小時，而李嘉誠卻用了幾十年，並且走得更為艱辛。同樣面臨環境的壓力，同樣面臨不支的困境。卻仍然堅持完成，不計成果。一諾千金，就是自己說話一定要算數，自己許下的諾言一定要去實現它。安東尼實現了，李嘉誠更實現了。

新加坡富商，「股市金手指」黃鴻年曾經說過，在經商與人生道路上，除了父親之外，李嘉誠是對他產生很大影響的人。似乎覺得不可思議，但卻是真實的事情。

據他回憶，1989年，他向李嘉誠購買加拿大溫哥華世界博覽會舊址的3棟建築，談妥以4000萬美元成交。之後，市場價格開始上漲，李嘉誠的兒子提出要再加500萬美元，黃鴻年沒有同意，因此產生一些周折。李嘉誠知道後出面調停，請黃鴻年吃飯，當面打電話給兒子，要求他按照原價進行交易，並特別強調「這件事一定要圓滿解決！」

樸素的講述透露出了李嘉誠重義不重利、一諾千金的良好品德。

黃鴻年說，誠信不單體現在做生意方面，是否守時等等小細節，也是一個人的信譽。李嘉誠就非常注重小節。

一次，李嘉誠請黃鴻年一起午餐，因為在牙醫診所耽誤了一些時間，所以遲到了5分鐘，到了之後他一再道歉，請黃鴻年不要介意。當時李嘉誠已經功成名就，而黃鴻年只是初綻鋒芒的商場新兵。聽著前輩一再道歉，黃鴻年反而覺得非常不好意思。

遵守諾言就像保衛財富一樣重要，一旦失去了信用，就會一無所有。一個人既然做出鄭重的承諾，就應該設法實現它，不應該尋找任何不能兌現的理由。李嘉誠作為一個已經功成名就的大人物，卻依然沒有忘記遵守承諾，在因為一些客觀原因耽擱之後，表現了十分的歉意，讓人覺得心中一暖。

誠信是企業成功的保證

在人的一生中，有很多高潮，也有很多低谷。這一點同樣也適用於企業。作為企業大腦的李嘉誠感同身受。簡要概括李嘉誠與其企業的一生，我們大致可以分出個上、中、下篇。上篇可以說是「化危機」，中篇可以說是「定大業」，下篇可以說是「保江山」，篇章分明，堪稱一部宏偉的詩篇。

其中什麼產生了最大作用，可以讓他江山不倒，江水長流？是誠信。

創業初期李嘉誠的長江廠遭遇質量危機，這是「化危機」。李嘉誠用誠信贏得了改正的時間，從而逆轉了整個局勢。

而關於「定大業」和「保江山」，由於版本太多，我們只截取其中一個來說，那就是有關「虎豹別墅」建設問題。

在香港，有一處著名的旅遊景點「虎豹別墅」，十分有名。與其說其是一座私人花園住宅，倒不如說是一個規模宏偉、饒有特色的公園。凡到過虎豹別墅的人，都對它的美麗多姿、富麗堂皇而流連忘返交口稱讚。

*1977*年*6*月，繼地鐵得標後，李嘉誠又購入大坑虎豹別墅的部分地皮計*15*萬平方英尺。李嘉誠購得地皮後，在上面興建了一座大廈。

蓋大廈本是好事，但是由於設計者並沒有考慮地理位置，只是「閉門造車」，設計出來的大廈雖美，卻破壞了整個別墅的美感。遊客們多有非議，毫不客氣地指責大廈破壞了整個佈局的統一和美觀，影響了原有的人文景觀。

李嘉誠得知此情後，立即下令停止在那塊地皮上繼續大興土木，盡量保留別墅花園原貌。並表示，以誠待公眾，寧可損失鉅款也不能失信於大眾的期望。真可謂有大將風範。

這件事情終於落下帷幕了，李嘉誠卻收穫了一個意外。不是因糗事而為人所垢，竟然是滙豐老大的一個「鍾情」，從而為兩家「聯姻」創造了極為有利的條件。

打江山容易，保江山難。這並不是一句虛話。正是因為李嘉誠時刻注重顧客與客戶的需求，以誠待人，誠信做事，從不一意孤行，這才有了一生的好名譽，從而生意源源不斷。

關於誠信，很多人都做過解釋，聯想集團總裁楊元慶的想法大體與李嘉誠有著異曲同工之妙。他對於誠信是這樣理解的：「誠信是一個人乃至一家企業生存的根本。誠信的意義不僅在於一筆交易的成敗賺賠，還在於它標誌著一個企業的品質。事實上，有了誠信，不一定能取得長遠成功；但沒有誠信，一定不能取得長遠成功。

「誠信，是一切行為取得成功的基礎，有了這個基礎，再加上其他因素，成功就不遠了。對短期利益來說，堅持誠信，可能會導致企業失去一部分眼前利益；但從長遠發展的角度來看，誠信是在競爭中取勝的最好法寶之一。誠信可以使我們得到客戶的認同，得到合作夥伴的認可。在這個交流互動的時代，誠信的態度不但是重要的，而且是最基本的。」

有一次，美國亨利食品加工工業公司總經理亨利・霍金士突然從化驗室的報告單上發現：他們生產食品的配方中，產生保鮮作用的添加劑有毒，這種毒的毒性並不大，但長期食用會對身體有害。另一方面，如果食品中不用添加劑，則又會影響食品的鮮度，對公司將是一大損失。

亨利・霍金士陷入了兩難的境地，到底誠實與欺騙之間他該怎樣抉擇？最終，他認為應以誠對待顧客，儘管自己有可能面對各種難以預料的後果，但他毅然決定把這一有損銷量的事情向社會公佈，說防腐劑有毒，長期食用會對身體有害。

消息一公佈就激起了千層浪，霍金士面臨著相當大的壓力。他自己公司食品的銷路銳減，而且所有從事食品加工的老闆都聯合起來，用一切手段向他施加壓力，同時指責他的行為是別有用心，是為一己之私利，於是他們聯合各家企業一起抵制亨利公司的產品。在這種自己的產品銷量銳減又面臨外界抵制的困境下，亨利公司一下子跌到了瀕臨倒閉的邊緣。在苦苦掙扎了4年之後，亨利・霍金士的公司已經危在旦夕了，但他的名聲卻家喻戶曉。

後來，政府站出來支持霍金士。在政府的支持下，加之亨利公司誠實經營的良好口碑，亨利公司的產品又成了人們放心滿意的熱門貨。由於政府的大力支持，加之他誠實對待顧客的良好聲譽，亨利公司在很短時間內便恢復了元氣，而且規模擴大了兩倍。也因此，亨利・霍金士一舉登上了美國食品加工業第一的寶座。

在誠信與欺騙之間，霍金士沒有因為暫時的利益而選擇欺騙，而是頂住重重壓力，退而居守誠信。終於獲得了肯定，取得了成功。誠信是做大事的前提，是立業之基，是企業成功的保證。

誠信是一種美德，更是一種品質，李嘉誠以每一個實際行動彰顯著其巨大的魅力。一個企業能不能在市場中站穩腳跟，關鍵是看能不能樹立起企業的形象。而這種形象的樹立並不需要什麼公關公司，什麼危機達人。它只需要四個字，那就是「以誠為本」。

第二章 正當為先

——做正直商人，有為有不為

李嘉誠如是說：

◆是我的錢，一塊錢掉在地上我都會去撿。不是我的，一千萬塊錢送到我家門口我都不會要。

◆我賺的每一毛錢都可以公開，就是說，不是不明不白賺來的錢。

◆我對自己有個約束，並非所有賺錢的生意都做。有些生意，給多少錢讓我賺，我都不賺。有些生意，已經知道是對人有害，就算社會容許做，我都不做，因為這是我一向做人的原則。

◆我的錢來自社會，也應該用於社會，我已不再需要更多的錢。

◆我賺錢不是只為了自己。為了公司，為了股東，也為了替社會多做公益事業，把多餘的錢分給那些殘疾及貧困的人。

不以小利傷大局

顧全大局的人，不拘泥於區區的小節；要做大事的人，不追究一些細碎的小事；得巨材的人，不為其上的蠹蛀而怏怏不樂。因為一點瑕疵就扔掉玉圭，還是得不到完美的美玉；因為一點蠹蛀就扔掉巨材，天下就找不到完美的良材。要做成大事，須統觀全局，不可糾纏在小事之上。

李嘉誠的擴張之路便正好說明了這個問題。二十世紀70年代初期，長江地產成立僅五六年，公司的業績便直線上升，年經常性利潤便達到近6000萬港元，擁有物業地產600多萬平方英尺，資產淨增達5億多港元。

在人們的印象裡，在一個人接近成功，大富大貴之後往往隨之而來的便是「破例」，便是過於張揚。然而，李嘉誠卻並非如此，他以極其謙遜的為人走過自己的一生，哪怕是頂峰時刻。當然，無論於誰，沒有半點私心似乎並不現實，所謂私心無人不有。但智慧的人總是會恰當抉擇，能夠克制私心，以大眾的利益為重。李嘉誠便是如此。

二十世紀80年代，故子回鄉的李嘉誠踏上了數十年沒有走過的土地。自然，重修祖屋、恢復家園的心願無不撼動著李嘉誠的心扉。於是，1979年他籌建「群眾公寓」。這是以大局為重，因為他不再居住故鄉，卻為故鄉添土，而且先動工的不是自家祖屋。而能表現其不以私心論斷的，則是家鄉人給予的建議。

在完工之時，家鄉政府部門提出「優先安排其親屬入居」的建議，李嘉誠堅決反對，他在給家鄉的信中說：「本人深覺款項捐出，即屬公有，不欲以一己之關係妨礙公平分配。」其時，他的一些兄妹們並沒有十分好的居所，並且，家族內也有親屬提出原有祖屋面積過於窄小，族人居住多有不便。但李嘉誠並沒有因己之所蓋，而選擇徇一點點私情，哪怕別人甘心讓出面積來。

由於李嘉誠的舉措，潮州市政府和左鄰右舍的鄉親們對李嘉誠祖屋的修復十分重視，從心理上乃至行動上都做好了搬遷讓地的準備，欲積極配合與支持李嘉誠祖屋的擴建工作。然而李嘉誠並沒有這樣做，他對這個問題考慮得更全面、更深遠。在認真思考之後，李嘉誠決定不擴大面積，打算就在原有面積的基礎上建造一棟四層樓房供族人居住。他說：「雖然目前要拿多少錢，擴充多大的面積都不是問題。但是要想一想，這樣做的後果必然會影響到左鄰右舍的切身利益，我們不能拿鄉親們的祖屋來擴充自己的祖屋，絕對不可以以富壓人，招致日後被人指責。」

由李嘉誠的經歷不難看出，他是十分照顧自己的家族的，無論族人富裕與否，逢年過節依然要額外給每一位族人一些資金補貼家用。平心而論，如此孝心、愛親的李嘉誠，又何嘗不希望有一個優雅的居住環境，修復一座寬大舒適的祖屋，解決族人的居住問題呢？但他沒有答應。在修復祖屋的問題上，李嘉誠小心謹慎的態度、以大局為重的處理方法可謂無不顯現出他的過人之處。

能夠在行善進取中這樣顧及大眾，能夠將一己私利放到這樣的角度去認識，特別是對一個傳統觀念濃厚的商人來說，我們不能不說李嘉誠的「正」是發自內心的，絕不僅僅是做做樣子就算的。

所以，任何時候，以大局為重，從大局出發做出判斷都是最重要的。而不是在於一點一滴的利害。而這可以用一個字來概括，那就是——正。

正字在李嘉誠是重中之重，這種重就在李嘉誠心中。如果自己的行為能夠打動人心，如果自己的謀略能夠以大局為重，那麼又有誰會遏制你前進的步伐呢？

重義輕利，以德報德

在很多書的版本裡，商人都被塑造成為唯利是圖的模樣，如「商人皆為利來」「商人不是慈善家」等等。然而李嘉誠在很多事情上的作為卻可以用一個詞來形容，那就是「重義輕利」。

香江才女林燕妮曾經與李嘉誠有一些業務往來，她說道，塑膠花早過了黃金時代的那個時期，根本無錢可賺。當時長江地產業的贏利已十分可觀，就算塑膠花有微薄小利，對長江實業來說，增之不見多，減之不見少，但李嘉誠仍在維持小額的塑膠花生產。

經過仔細詢問才發現，李嘉誠這樣做原來「不外是顧念著老員工，給他們一點生計」。有人就說：「不少老闆待員工老了一腳踢開，你卻不同。這批員工，過去靠你的廠養活，現在廠沒有了，你仍把他們包下來。怪不得老員工都對你感恩戴德。」李嘉誠回答說：「一個企業就像一個家庭，他們是企業的功臣，理應得到這樣的待遇。現在他們老了，作為晚一輩，就該負起照顧他們的義務。」

不以員工、企業能否創造利潤為目的的商人並不多見。李嘉誠重義輕利，故而面對詢問十分坦然。

白居易琵琶行裡有一句說：「商人重利輕別離」，可見商人重利是人們心中固有的觀念。但事實上，在傳統中國商人的血脈裡同樣也流淌著重義的血統。

電視劇《大染坊》曾經塑造了一位清朝末年享譽全國的山東商業鉅子陳壽亭。他原名陳六子，是山東周村人，年幼時父母雙亡，他只能以討飯為生。一個冬天的早上，他假裝昏迷倒在了一家染坊的門口，染坊的周掌櫃為人和善，見他可憐便收留了他。後來他又成為了染坊的夥計，並認了周掌櫃為義父，並改名陳壽亭。周掌櫃本出於一份仁義之心收留他，但因此撿回一條命的陳壽亭感念周掌櫃的恩情，並且秉持著周掌櫃與人為善、講究仁義道德的家風，振興了通和染坊，並將染廠開到了青島、濟南。

陳壽亭並非完全杜撰出來的人物，在魯商歷史中有原型可考，這位傳奇人物便是張星垣。在周村，張星垣的故事可謂家喻戶曉，他流浪乞討時被周村的商人石茂然收留才保住了性命，並得到石茂然提供的一筆資金開了染坊，字號叫做「東元盛」，後來發展成為周村最大的染坊，二十世紀30年代後陸續遷往濟南，慢慢發展到在各地開分號。

張星垣的發跡雖然帶有一定的偶然性，但這個故事恰恰也能說明山東人對義氣的重視。石茂然收留張星垣無非是出於同情和鄉情，但他的一番善意既成就了張星垣的事業，也為自己事業的發展打開了一個更加廣闊的局面。

其實，豪爽的山東人並不會只將自己的人際關係局限在老鄉範圍之內，他們習慣以仁為處世核心，以禮為待人之道，所以無論對待朋友還是陌生人，他們都有一副仁者的情懷，更有義士的肝膽。魯商之中，「義利合一」、「重義輕利」者不勝枚舉。

在山東，有一位因一時「不忍」而創業的民營企業家，他就是力諾集團董事長高元坤。按照他的說法，創辦力諾集團並非出於經商賺錢的目的，他本來在山東省醫藥管理局工作，從沒想過要離開這種穩定的生活。但是有一天，他的一位朋友找到了他。這位朋友是沂南玻璃廠的領導，朋友告訴他自己的企業垮了，數百名員工的生活都將受到影響。高元坤聽完之後心裡非常難受，他一想到那麼多人將要丟掉賴以為生的飯碗心中便覺得「不忍」，於是他決心為大家找條出路，這才有了從銀行貸款50萬元創業的舉動。

像高元坤一樣，很多魯人經商都注重仁義。魯商集團董事長季緗綺在詮釋企業的使命時，曾說過魯商集團的核心思想是「仁智合一，商行天下，仁為前，智為後，然後才談商行」。以仁者思想、義士情懷經商的魯商雖然有時候很難從市場的角度看問題，但卻往往也能因此累積厚實的人脈，人脈即錢脈，厚積而來。可見一個義字，成就的不僅僅是仁義品格，同樣也成就事業。

重情重義的人總是能夠得到人們的歡迎，贏得人們的敬佩。當年，李嘉誠離開塑膠公司自己創業時，就用實際行動證明了自己是一個以德報德，不重利輕義的人。

臨走前，老闆約李嘉誠到酒樓，設宴為他辭工餞行。李嘉誠並沒有閃爍其詞，而是很誠懇地說了這麼一番話：「我離開你的塑膠公司，是打算自己也辦一間塑膠廠。我難免會使用在你手下學到的技術，也大概會開發一些同樣的產品。現在塑膠廠遍地開花，我不這樣做，別人也會這樣做。不過，我向你保證，我絕不會帶走一個客戶，絕不用你的銷售網推銷我的產品，我會另外開闢銷售線路的。」

這種承諾對於一個年輕的創業者來說並不是一件輕易就能夠實現的事情。因為是新廠，必然要開發客戶，但舊有的一切資源都不能用，而沒有絲毫名氣的新廠要想開發新客戶則是難上加難。但是，李嘉誠並沒有就此違背承諾。他重義輕利，甚至推辭了主動上門來的客戶，希望這些客戶繼續與原公司保持往來關係。

有人曾經說過，人之所以慷慨，是因為擁有的比付出的多。李嘉誠擁有的並不多，甚至可以說非常貧乏，但是李嘉誠依然慷慨地把客戶送回到了原公司。

以重義輕利、以德報德的情懷經商的人，雖然有時候顯得很傻，但卻往往也能因此累積厚實的人脈和口碑。

關鍵時刻，掛帥救市

做一個商人易，做一個不唯利是圖的商人不易，而做一個關鍵時刻，救市不圖利，甚至賠利的商人則更是不易。然而李嘉誠做到了，他由成功到優秀，由優秀到卓越，無不在果斷抉擇，成為一個以身作則的楷模，堅守責任的典範。

1973年，石油危機波及香港。由於香港的塑膠原料全部依賴進口，香港的進口商趁機壟斷價格，將價格炒到廠家難以接受的高位。石油危機必然引發塑膠原料暴漲，年初時，每磅塑膠原料是6角5分港幣，秋後竟暴漲到每磅4至5港元！同時，進口商哄抬壟斷價格，不少生產廠家被迫停產，瀕臨倒閉。

當時，李嘉誠的經營重心已轉移到地產上，因此，這場塑膠原料危機，對他影響不大。況且，李嘉誠一直堅持「穩中求進」，所以長江公司本身有充足的原料庫存，並不像其他廠家那樣無措。

但是，身為香港潮聯塑膠製造業商會主席的李嘉誠並沒有坐山觀景，在倒聲一片中，李嘉誠毅然決策，選擇掛帥救業。他冷靜思考，並且利用自己的影響力和信譽力牽頭倡議，終於使得數百家塑膠廠家入股，共同組建了聯合塑膠原料公司。

如同歐盟一般，組建聯合塑膠原料公司有兩個好處。首先，原先單個塑膠廠家無法直接由國外進口塑膠原料，是因為購貨量太小。現在，由聯合塑膠原料公司出面，需求量比進口商還大，因此可直接交易。其次，這種聯合方式打破了進口商壟斷。所購進的原料，按實價分配給股東廠家。在廠家的聯盟面前，進口商的壟斷被徹底打破。

同時，李嘉誠在救業大行動中並沒有空喊口號，而是將長江公司的1243萬磅原料以低於市價一半的價格救援停工待料的會員廠家。而且直接購入國外出口商的原料後，他又把長江本身的配額20萬磅，以原價轉讓給需量大的廠家，直接帶動了塑膠業的復興。

有李嘉誠這一系列的搶救措施，在不圖分毫利、只求幫人度難關的信念帶動下，籠罩全港塑膠業兩年之久的原料危機，一下子煙消雲散。有人曾進行統計表示，在這場危難之中，得到李嘉誠幫助的廠家達幾百家之多。李嘉誠也因此舉措，被稱為香港塑膠業的「救世主」。

李嘉誠救人危難的義舉，為他樹立起崇高的商業形象，他的信譽和聲望如日中天。很多人評價說，李嘉誠「倒貼」此舉，不過是在為自己做「軟」廣告，與小額利益相比，公眾們的好感與支持才是李嘉誠的最大收穫。的確，李嘉誠的這一舉動為他贏得了很高的聲譽。但同時我們也需要看到，李嘉誠也可以只進行聯盟。但他沒有那麼做，而是以自己的實際行動支持了救市。美國海軍陸戰隊和以色列陸軍的指揮官都有一句座右銘——「跟我來」。這句話表明了富有領袖氣質的領導者應持有的領導方法。同時，這也是富有領袖氣質的領導者身上熠熠生輝的特色之一。李嘉誠正是以自己的領袖魅力組成了一支上下同欲、萬眾一心的「常勝軍」，贏得了這場商戰的勝利。

在李嘉誠後來的商業生涯中，他不止一次做出類似挽救塑膠業的義舉。1987年10月1日，香港股市恆生指數飆升到歷史高峰的3950點。幾乎所有人都認為此時正是售股集資的最好時機。因為此前李嘉誠曾進行了香港證券史上最大一次集資行動，宣佈長實系四家公司——長實、和黃、嘉宏和港燈合計集資103億港元。

然而，美好總是短暫的，股災的陰影轉瞬即至，10月19日，美國華爾街股市突然狂瀉508點，造成香港股市恆指暴跌420多點。10月26日，香港股市恆指更暴挫1121點，全面崩潰。這場突發性股災令全球股市行家及學者大惑不解。

長實系上市公司市值下跌，但實際資產依舊。股災中，李嘉誠由於是與其他公司聯合集資，所以分攤下來依然算是集資成功。但他並沒有因此而感覺僥倖，隨即，「百億救市」的舉措凌空而出。他主動向港府提出「穩定港市」的方案，雖然他強調「此舉目的是希望看到本港股市和經濟不要有太大波動，希望能穩定下來」，「絕非為個人利益，完全是為本港大局著想」。但是仍然有人認為他「有為私之嫌」。輿論壓倒性評論無疑給了李嘉誠很大壓力。

而且，當時李嘉誠家族控有長實35%以上股權，和黃的股權也近35%。按照收購及合併條例，已超過35%股權的人士要再增購股權，就必須提出全面收購。李嘉誠無法全面收購，要求當局放寬限制。

李嘉誠的努力富有成效，委員會決定接納李嘉誠的「救市建議」，暫時取消有關人士購入屬下公司股份超過35%誘發點而必須履行的全面收購條例，但規定所購人最高限額之股份，必須在一年內以配售方式出售同時購入股份時必須每日公佈詳情。李嘉誠對放寬限制表示歡迎。但認為既放寬收購點又限期售出，這是矛盾的，「難消危機」，不能根本解決問題，故表示對附帶條件的失望。這意味著，如一年限期內，股價繼續下跌，那麼他收購的股票則必虧無疑。

在此之中，李嘉誠能夠頂住輿論壓力，以大局為重，首先站出來「救市」，認購數億股票支持股市，實在難能可貴。雖然後來李嘉誠化險為夷，從中得利，但是就當時情況來言，李嘉誠掛帥之舉真可謂正義之舉。一系列的行為很能體現李嘉誠的特色，即分清什麼錢可賺，什麼錢不能賺；什麼錢不可花，什麼錢必須花；什麼事不做，什麼事必須做。這種有為有不為的「正」，正是每一位涉足商界的人士都應該學習的。

創業過程沒有秘密

成功的人，他的經歷和素質本身就是一筆財富。成為華人首富，李嘉誠是每個想要成功的人的理想和榜樣。然而李嘉誠這樣告訴我們，創業過程沒有秘密。爾虞我詐的商海裡，怎麼可能沒有創業秘密？有一位成功人士說過：創業者的第一桶金往往不是那麼乾淨。只要在法律許可的範圍內，找點其他門路也未嘗不可。

有人便據此得出一些結論：覺得只有做違法不犯罪的生意才能快速致富，因為現在的社會秩序已經形成，社會資源已經被利益集團佔有，你想出頭，就不能走尋常路。這世界沒規定擦邊球不能玩啊！什麼是違法不犯罪的生意，還是老四樣：黃、賭、毒、假……

但李嘉誠說：「我的金錢，我賺的每一毛錢都可以公開。」沒有僥倖，沒有黑箱操作，沒有拋棄德行。李嘉誠的成功不是偶然，因為他明白，什麼樣的事情可以做。因為只有這樣，良心才可以挺立一世。綜觀商海，財運恆久的大商人幾乎都恪守著與李嘉誠類似的守則，經歷過與他相似的創業經歷。

1996年被美國《財富》雜誌評定為美國第二大富豪的巴菲特十一歲就開始投資第一張股票，把他自己和姐姐的一點小錢都投入股市。剛開始一直賠錢，他卻堅持認為持有三四年才會賺錢。結果，姐姐把股票賣掉，而他則繼續持有，最後事實證明了他的看法。

1954年他如願以償到葛萊姆教授的顧問公司任職，兩年後他向親戚朋友集資10萬美元，成立了自己的顧問公司。該公司的資產增值30倍以後，1969年他解散公司，退還合夥人的錢，把精力集中在自己的投資上。

巴菲特從十一歲就開始投資股市，歷經幾十年堅持不懈。因此，他認為，他今天之所以能靠投資理財創造出巨大財富，完全是靠近60年的歲月，慢慢地創造出來的。他的經歷告訴我們，在創業中，只要你做得好，只要你勤於觀察思考，每一個小買賣裡都蘊藏著無限的商機，任何小事都包含著做成大事的種子。這並不需要秘密操作，每一處的智慧都是閃光點。

自古以來商場如戰場。電視劇《潛伏》熱播之時，一系列商場上的潛伏故事被挖掘出來，「潛伏」型商業間諜的露頭使得人人自危。

2006年6月，一場訴訟拉開了商業間諜的眉目。當時，富士康旗下兩家子公司及其母公司鴻海分別在深圳和香港提起了比亞迪侵犯商業秘密訴訟，索賠650萬元。

其宣判過程如下：2007年11月6日，最高人民法院委託北京九州世初知識產權司法鑑定中心對該訴訟案進行司法鑑定。12月初，第一批官方鑑定書出爐。鑑定結果表明，比亞迪獲取的相關文件中，確有大量文件構成非公知資訊。2008年4月10日，富士康發佈公告稱，比亞迪創始人之一夏佐全曾被拘留，而原富士康員工、現比亞迪員工柳相軍和司少青被深圳市寶安區人民法院宣判侵犯富士康集團商業秘密罪成立，分別被判處有期徒刑4年和1年零4個月。

嚴格講，這不屬於嚴重的商業間諜行為，是原職工連人帶資料跳槽到現有公司。更有甚者，有公司直接派遣員工「潛伏」到「敵人」內部，獲取各種商業機密。如被稱為「全球史上十大著名商業間諜案」之一的維爾康藥業與江蘇江山製藥公司間離奇的技術偷竊案。

其實，這一類商業間諜古已有之，然而尚未有法律做明確規定，直到前些年中國法律的逐步完善，才逐漸把此類內容提上日程。但使人驚悚的是，就算是這樣，人們仍然變本加厲想要得到。史上著名商業間諜糾紛不勝枚舉，如聯合利華 *vs.* 寶潔、通用 *vs.* 大眾、微軟 *vs.* 甲骨文、*IBM vs.* 日本三菱等，這些已經讓商界競爭演化成為「無間道」。

管理學大師彼得·杜拉克認為，創業者要有社會責任感和使命感，否則即使他能發財，也不能贏得人心。顯然，杜拉克所說的品德，正是企業的使命、責任和信念。對於創業者而言，根本的問題在於虛心學習、端正自我道德取向，而不要將目的僅僅局限在利潤、資本的原始累積等淺層的問題上。蠅營狗苟，黑箱操作，並不能成就真正成功的企業家，只有眼光放遠，以德服人，才能讓事業走得更遠。

不擇手段的成功是「燙手山芋」

在《第一財經日報》上曾經刊登過一篇李嘉誠演講的摘錄，其中幾句發人深思：

◆我相信只有堅守原則和擁有正確價值觀的人，才能共建一個正直、有秩序及和諧的社會。

◆一個沒有原則的世界是一個缺乏互信的世界。

◆我相信沒有精神文明、只有物質充斥的繁榮表象，是一個枯燥、自私和危險的世界。

◆我絕不同意為了成功而不擇手段，如果這樣，即使僥倖略有所得，也必不能長久。

◆當你看到這幾句話時，你能想到什麼？回顧李嘉誠一生中所做的事，我們便能有一些清晰的認識。

1943年的冬天，李嘉誠的父親去世了。為了安葬父親，李嘉誠含著眼淚去買墳地。按照當時的交易規矩，買地人必須付錢給賣地人之後才可以跟隨賣地人去看地。李嘉誠將錢交給賣地的兩個客家人之後，堅持要看地。

沉浸在喪父之痛中的李嘉誠，想著連日來和舅父、母親一起東奔西走，總算湊足了這筆安葬費，想著自己能夠親自替父親買下這塊墳地，心裡總算有了一絲慰藉。這兩個賣地人走得很快，山路泥濘，風雨交加，李嘉誠緊跟不捨。賣地人見李嘉誠是個小孩，覺得好欺騙，賣給他的竟是一塊埋有他人屍骨的墳地。他們到了該墳地之後，用客家話商量著如何掘開這塊墳地，將他人的屍骨弄走。

他們不知道李嘉誠是聽得懂客家話的。李嘉誠萬分震驚，心想世界上居然有如此黑心賺錢的人，連死去的人都不肯放過。李嘉誠想到父親一生光明磊落，如果安葬在這裡，他在九泉之下是絕對不會安息的。但與此同時這兩個人又是絕不會退錢給他的。李嘉誠做出了一個痛苦的決定：他告訴他們不要掘地弄走他人屍骨了，李嘉誠決心再次籌錢，另找賣主。

這次買地葬父的幾番周折，深深地留存在李嘉誠的記憶深處。李嘉誠後來經商一直恪守一個原則——義在財先，不可賺的錢一定不要去碰。這是一個原則問題，李嘉誠雖年輕亦能堅持。但遇見一些習以為常的「潛規則」呢，李嘉誠還會堅持嗎？答案是肯定的。

自李嘉誠在海外投資開始，李嘉誠的事業更上一層樓。他在加勒比海巴哈馬國投資，擁有貨櫃碼頭、飛機場、酒店、高爾夫球場及大片土地，成為當地最大的海外投資商。巴哈馬政府拿出很多商人求之不得、一定賺大錢的賭場牌照，作為酬謝李嘉誠的禮物。面對送來的錢財，李嘉誠婉轉地拒絕了。若說當著政府人員的面可以拒絕是情理之中，那麼面對領導人呢？李嘉誠仍然沒有答應要牌照。

當時，巴哈馬總理親自找到李嘉誠解釋他「投桃報李」的行為原因：「一大堆商人追著要這個牌照，我們都沒給，你這麼大的投資，我一定要給你，你有三家酒店，隨便放哪家都可以。」

李嘉誠還要在此營業，所以忤逆領導人的下場應該說不難猜到。但常年與政府打交道的經驗讓他有了一個明智選擇：盛情難卻之下，李做了「妥協」，決定不接受賭場牌照，但在酒店外面另蓋獨立的房子給第三者經營，並由經營者直接與政府洽談條件，和黃只賺取租金。「酒店客人要去哪兒我不管，但我的酒店絕不設賭場。」這樣，既賣了政府的面子，又堅持了自己的原則，還讓人看到了李嘉誠「正字為先」的一面，敬意陡升。真是處理得恰切非常。

在後來的採訪中，李嘉誠談到：「我對自己有一個約束，並非所有賺錢的生意都做。有些生意，給多少錢讓我賺，我都不賺。有些生意，已經知道是對人有害，就算社會容許做，我都不做。」或許用現代的生意眼光來考量，會有各種不同的說法，但「這是我的原則，原則必須堅持」，明確體現了其立場和態度。

作為一位有著廣泛交際的人，難免會遇到種種問題，或是極大的困境，或是朋友的饋贈等等。有些困境難以逾越，很多人便會選擇屈從，不擇「手段是否不正當」，如那位賣墳地的「仁兄」；有些則是豐腴卻並不太「正」的饋贈，如那位總理的盛情給予，很多人會選擇順水推舟，因為這是「潛規則」嘛。

但李嘉誠沒有，他避過了這些很順的東西，而選擇了一步一腳印走。對於李嘉誠來說，不擇手段的成功就是那顆「燙手山芋」，也許很香甜，卻會給自己烙下不光明的痕跡。

縱觀茫茫歷史大潮，有人成功，有人失敗；有人流芳百世，也有人遺臭萬年。希望成功的願望是美好的，用不擇手段去獲取成功卻是令人羞恥的。李斯，渴望成功，最後卻成了「嫉賢妒能」的代表人物。他原本應該是一代名相，卻因對成功的渴望蒙蔽了雙眼，不擇手段打擊韓非，製造了焚書坑儒的慘劇。渴望最後變成遺臭萬年，這恐怕不是那些不擇手段追求成功的人的夙願吧。

不光李嘉誠如此，世間的每一個商人，甚至每一個人都應牢記：絕不能為了成功而不擇手段。二十世紀80年代，中國崛起的不少企業家，因被媒體指責其資本原始累積的黑惡化和手段不正當性，其企業因此而陷入困境。這非常值得人們反思。所以，要警惕投機取巧、不擇手段的創業方式的危害。不要為達到目的而濫用手段，手段的不正當性會扭曲目的。因為，一旦有一天事情敗露，人們的道德拷問會使你的企業顏面掃盡、形象盡失，再難立足。

賺應該賺的錢，不可賺的錢絕對不賺

在大多數人的印象裡，錢賺得越多越好。但李克華（著名操盤手，被稱為「中國股神」）表示，我只賺我研究透徹的股票的錢，不賺沒有研究或者研究不透徹的股票的錢。只賺該賺的錢，不賺不該賺的錢；只賺理性的錢，不賺運氣的錢。李克華講的是穩健賺錢。李嘉誠也是如此，並且用得更加徹底。

對於很難賺到的錢，李嘉誠如果認為可以賺，那麼就是再難他也會去做。然而對於送到面前的、利潤非常誘人且法律也准許的賺錢機會，如果他認為是不應該做的，那他情願犧牲賺錢的機會也不會昧著良心去做。他說：「在一個商業社會，錢當然是賺得越多越好，假使有一項賺錢的事業，非常非常吸引人，前景好得不得了，法律也准許，這個事業可以做。但是就算這樣的事業，如果帶有疑問在我心裡，我情願犧牲。」

美國俄亥俄大學曾經做過一項研究，即對*2500*名受試者進行人類行為研究，歸納出了人類*15*種基本欲望和價值觀，這*15*種是：好奇心、食物、榮譽感（道德）、被排斥的恐懼、性、體育運動、秩序、獨立、復仇、社會交往、家庭、社會聲望、厭惡、公民權、力量。

若想滿足這些欲望，離開了財富是辦不到的，所以人人愛財。但是，財富取得的方式，卻多種多樣。絕大多數人取之有道，透過自己的努力奮鬥，發揮自己的聰明才智，合理合法地發家致富，不少創業英雄成了人們崇拜的偶像。如比爾‧蓋茲、巴菲特、香港富豪李嘉誠、大陸富豪劉永行兄弟（希望集團董事長）等等。

也有很多人是藉由不光彩手段致富的，我們也能歸結成15種，這15種是：官倒、非法承包、回扣、製假、邪教、傳銷、三陪、性病遊醫（聲稱專治性病的江湖郎中）、巫師、走私、販毒、貪污、索賄、受賄、「空手道」套錢、賣官，等等，巧取豪奪，偷盜搶劫，無所不用其極。

前者賺錢，心安理得，「日裡不做虧心事，半夜敲門不吃驚」，後者賺錢，疑神疑鬼吧。君子愛財，取之有道；小人愛財，不擇手段。兩相比較，真是大相逕庭。

曾經有人勸李嘉誠收下禮物，說：這不是槍，這是一個新的武器。大概只有這麼大吧（比畫），但是放在這裡的話，一平方公里所有的電腦都動不了了，這最新的我也不要。這個國家的總理到香港來，他說：「整隊兵跟著我向我要牌照，我給你，因為你有發展在這裡，你為什麼不要？」我的經營理念是：可以賺的錢應該賺，不過要合法合理。可以想辦法賺足最後一分錢，但是不能傷天害理。難怪公司員工說：「我們的主席（指李嘉誠）啊，最容易的生意他不要，辛苦得不得了的他卻要做。」

1997年亞洲金融風暴發生後，香港經濟亦受到很大衝擊，地產及股市大跌，人心惶惶，國際對沖基金（或稱避險基金）及大炒家多次利用股市潰擊聯繫匯率及期指市場，以期獲取暴利。當時也曾有人多次向長江集團要求借取股票在市場拋售，藉以增強沽售壓力，加速股市崩潰，以遂攫利目的。經估算，當時如果肯借出股票，隨便就可獲得數以十億元計的利潤。

但李嘉誠沒有這麼做，他認為此舉會對香港構成很大損害，故而一口拒絕，對這樣的錢，李嘉誠說他是絕對不會賺的。當他認為當這樣一樁生意與自己心中的義有衝突時，他的選擇只有兩個字：放棄。

在公司的一次重要會議上，李嘉誠讓人記下這樣一句話，公司經營要「有所為，有所不為」。他說，一個有使命感的企業家，在捍衛公司利益的同時，更應重視以努力正直的途徑謀取良好的成就，正直賺錢是最好。這種「可賺的錢應該賺，不可賺的錢絕對不賺」的態度打破了人們眼中唯利是圖的商人形象，為商界樹立了一道亮麗的風景線。

第三章 磨難使人強壯

——逆境中成長，累積成功資本

李嘉誠如是說：

◆人生自有其沉浮，每個人都應該學會忍受生活中屬於自己的一份悲傷，只有這樣，你才能體會到什麼叫做成功，什麼叫做真正的幸福。

◆我一生最好的經商鍛鍊，是做推銷員，這是我今天用10億元也買不來的。

◆人們讚譽我是超人，其實我並非天生就是優秀的經營者。到現在我只敢說經營得還可以，我是經歷了很多挫折和磨難之後，才領會了一些經營的要訣。

◆財富能令一個人內心擁有安全感，但超過某個程度，安全感的需要就不那麼強烈了。

◆我旅港數十年，每碌碌於商務，然日日不忘戀桑梓，緬懷家園，圖報母願。

苦難是人生最好的鍛鍊

如今，人們寫信或者和朋友告別時，總喜歡說「一路順風」、「一路平安」、「一切順利」等詞。從這些祝語中我們可以看到大家都希望日子過得順順利利、平平安安的，沒有誰會喜歡苦難，渴望經歷苦難。但事實上，萬事如意只是人們的美好願景，每個人在一生中，總會經歷這樣或那樣的苦難，只不過是輕重多寡各不相同罷了。

一位智者說過：「沒有苦難的人生不是真正的人生。」一個人只有經過困境的砥礪，才能煥發生命的光彩，這句話用在李嘉誠的身上實在不為過。如果他幼小幸福至今，那麼或許會出現一位學者，一位教書育人的老師，但絕不會成為一個富甲天下的華人首富。命運是公平的，歷經苦難將會給人新生，從而有所成就。

李嘉誠說，苦難是最好的學校。於是在他心愛的兩個兒子面前，並不表現出寵溺的神態。李嘉誠每次給孩子零用錢時，先按10％的比例扣下一部分，名曰所得稅。看起來不禁讓人啼笑皆非，好似經商人的慣用思維在作怪，其實不然。李嘉誠之所以這樣做，就是為了教育自己的小孩在花錢時不得不事前進行仔細盤算，做一個全盤和長久考慮。他比普通父母更進一步的是，他給的是現實的鍛鍊。這種「苦難」，不用說是李嘉誠數年來的心得吧。

對於一個人來說，苦難確實是殘酷的，但如果你能充分利用苦難這個機會來磨練自己，苦難會饋贈給你很多。要知道，勇氣和毅力正是在這一次次的跌倒、爬起的過程中增長的。

1940年，日本侵略戰爭爆發，李嘉誠一家逃往香港，一路上風餐露宿十分辛苦。這對於一直在溫室裡長大的李嘉誠來說不能不是一件吃力的事。然而面對苦難李嘉誠忍耐著，並且盡自己的力量幫助父母照顧弟妹。

1943年，李嘉誠的父親因病不治去世，臨逝前叮囑李嘉誠照顧好這個家。年僅十幾歲的李嘉誠扛起了全家的重擔。這一次苦難幾乎是致命的，尤其在陌生的香港，但李嘉誠依然堅強地接受了這個鍛鍊。他日以繼夜地工作，在業餘時間拚命苦學。

就是在這樣的情境下，李嘉誠迎來了自己打工的黃金時期「高級打工仔」生涯，又迎來了「塑膠花王」生涯，最終迎來了「地產大亨」、「華人首富」。由此看來，經歷苦難並不是一件壞事，相反，它是成功人生必經的階段。可以說，苦難是一種財富，是未來人生的本錢。

帕格尼尼，世界超級小提琴家。他是一位在苦難中把生命之歌演奏到極致的人：四歲時得了一場麻疹和強直性昏厥症；七歲患上嚴重肺炎，只得大量放血治療；四十六歲因牙床長滿膿瘡，拔掉了大部分牙齒；其後又染上了可怕的眼疾；五十歲後，關節炎、喉結核、腸道炎等疾病折磨著他的身體與心靈；後來聲帶也壞了。他僅活到五十七歲。

身體的創傷沒有將他擊垮。他從十三歲起，就在世界各地過著流浪的生活。他曾一度將自己禁閉，每天瘋狂地練琴，幾乎忘記了飢餓和死亡。這樣的一個人，卻奏出了最美妙的音樂。三歲學琴，十二歲開了首場個人音樂會。他令無數人陶醉，令無數人瘋狂！樂評家稱他是「操琴弓的魔術師」。歌德評價他：「在琴弦上展現了火一樣的靈魂。」

也許上帝成就一個人的方式，就是讓他在苦難這所大學中進修。的確，苦難是最好的大學，只要你能不被其擊倒，你就能成就自己。苦難是蹲在成功門前的看門犬，怯弱的人逃得越急，它便追得越緊……

生命中所有的艱難險阻都是通向人生驛站的鋪路石。學會接受這些寶貴的苦難，並努力去克服，只有這樣你才會真正成長起來，迎來像屬於自己的那片天。

靠人不如靠己

「求人不如求己」是當今很多人的共識，而在李嘉誠身上則更進了一步，靠人不如靠己。的確，成功者總是自主性極強的人，他總是自己擔負起生命的責任，而絕不會讓別人駕馭自己。哪怕是在自己並不足夠強大的時候。靠「拐杖」走的人常常會身不由己，於是只能靠自己。對於李嘉誠來說，逆境很多，但最力不從心的時候卻是將自己靠在別人身上的時候。

1959年，一位歐洲的批發商來到了李嘉誠的面前，此時李嘉誠正為如何打開國外市場而發愁。李嘉誠很熱情地接待了他。一切都很順利，臨到簽合同，歐洲批發商表示，依照慣例應找一位資歷深厚的擔保人才行。此時李嘉誠雖然已經立穩腳跟，但並未到讓眾商接踵而來的程度。幾天的尋找給了李嘉誠很深的挫敗感。因為他找不到能「靠」的人。

靠不了別人，李嘉誠並沒有放棄，而是選擇了一位更得力的可靠之人，他不是別人，就是李嘉誠自己。終於，連夜趕製的精美豔麗的塑膠花和李嘉誠的行動徹底征服了歐商。也從此，李嘉誠在焦頭爛額的困境之後選擇了一個一生中遵守的原則：靠人不如靠己。

的確，曾國藩曾說，危急之際，莫靠他人，專靠自己，乃是穩者。這不是句空話。在自己企業還沒有做起來之前，與其四處尋求託付，不如加強自己的實力。因為在你的「被利用價值」還不突出的時候，能幫上忙的人不會把視線投向你；即便是投向你，也不會盡心盡力。而只有自己，才是世界上最可靠的、最盡心盡力的人。而當自己做強之後，便再也不會有靠別人之說了，因為那將是實力與實力的合作，是旗鼓相當，那才是尊嚴與雙贏的開始。

在中國的商界潮商和溫商都是一大派別，同時又有很多相通之處。在溫州人的腦子裡，也從來沒有遇到困難就去尋求別人幫助的依賴思想，他們總是認為想要創造成功，只有依靠自己。

1997年，尚虎聯考落榜，他不想再靠家裡養活，於是就隨在北京某酒店當保安的表哥來到了北京。可是他發現，像他這樣沒文憑、沒技術的外來打工者在北京找工作是很難的。

但他並不想就這樣灰溜溜地離開北京，於是就在市裡到處尋找財路。這一天，他看到一位老人把一盆花扔進了垃圾桶裡。「好好的花為什麼扔掉呢？」他走過去問。老人無奈地說：「養久了，花盆中的泥土越來越少，只能扔啊！」

俗話說：「說者無意，聽者有心。」尚虎一想，既然城裡人養花缺少泥土，那何不從自己居住的郊區給他們弄些泥土來賣呢？也許，這樣也能賺到錢！事實也正如他所料，北京的泥土非常值錢。只不過，在他叫賣了一些後發現根本沒有一個買主。輾轉反側的尚虎在經過思考後發現，讓人家接受自己才是最關鍵的。

於是，他用自己省吃儉用的錢買了一支舊手機，還印了一盒名片。他心想：喜歡養花的人多半也會志趣相投、互相來往，只要認識一小部分養花的人，就可以透過他們去認識另外的一大部分人（與李嘉誠的推銷方式是多麼類似！）。這一招還真管用，不到半個月，他每天至少要接十幾個業務。一天下來，就有幾十元錢進帳。

然而，這樣的日子過了兩個多月，他接到的業務慢慢地少了。他百思不得其解，問過以前的客戶才明白，原來泥土的肥被植物吸收後便再沒有營養了，所以植物也枯死了。知道了問題的所在後，他立刻就去書店買了一些相關的書籍學習。之後，他特地買了一些包裝紙將泥土包裝好，註明「高肥花盆土」的字樣，然後再去兜售。效果非常之好！

三個月後，尚虎有時候一天能賺五百多元。為了進一步擴大業務和穩住顧客，他先後推出了多種花盆土品種，分別標明富含鉀、磷、氮等元素，適用於種植月季、菊花等不同的花卉。他還聘請了一位農科院的技師做顧問，為養花人解決實際問題。後來，辦起了自己經營「花盆土」的公司，將泥土推銷到了京城各處，總資產竟然超過1000萬。

正是憑著一種獨立自強、敢於創業的精神，才使許多像尚虎這樣一度掙扎在貧困之中的人們，找到了自己的生財之道，過上了富裕的生活。

有依賴，就不會想獨立，其結果只會給自己的未來挖下失敗的陷阱。李嘉誠的經歷告訴我們，必須獨立，必須依靠自己。只有自己的雙手，才能開拓自己的前程，也只有依靠自己，才能經受住一切挫折，最終走向勝利。

磨難經：磨難中悟真經

莎士比亞曾說過，「多災多難，百煉成鋼。」磨難就像是一把煉製寶劍的烈火，只有經歷過，才能變成鋒利無比的利器。孟子曾說過，「天將降大任於斯人也，必先苦其心志，勞其筋骨，餓其體膚，空乏其身，行弗亂其所為，所以動心忍性，增益其所不能。」磨難就像是上天的使者，在磨礪你之後才給你希望。

李嘉誠這樣描繪他少年時的經歷：

小時候，我的家境雖不富裕，但生活基本上是安定的。我的先父、伯父、叔叔的教育程度很高，都是受人尊敬的讀書人。抗日戰爭爆發後，我隨先父來到香港，舉目看到的都是世態炎涼、人情冷暖，就感到這個世界原來是這樣的。因此在我的心裡產生很多感想，就這樣，童年時五彩繽紛的夢想和天真都完全消失了。

因為世態炎涼，李嘉誠遭受了很多磨難，先是課業問題，後是父親的身體問題。有人把李嘉誠剛剛進入香港的那幾年視為「那一段時光是一種壓縮性的經驗」，因為「我告別童年、投身社會，悲慘的經歷催促我快速成長，短短的幾年內，我為自己空白的人生確定了方向。」

為什麼李嘉誠能夠如此快速的成長？因為磨難讓他領悟到生的不易，領悟到一些原本不曾想到過的東西。

有一個故事很能說明磨難的真諦。

鐵匠打了兩把寶劍。剛剛出爐時，兩把劍一模一樣，又笨又鈍。鐵匠想把它們磨快一些。其中一把寶劍想，這些鋼鐵都來之不易，還是不磨為妙。它把這一想法告訴了鐵匠，鐵匠答應了它。鐵匠去磨另一把劍，它沒有拒絕。

經過長時間的磨礪，一把寒光閃閃的寶劍磨成了。鐵匠把那兩把劍掛在店鋪裡。不一會兒，就有顧客上門，他一眼就看上了磨好的那一把，因為它鋒利、輕巧、合用。而鈍的那一把，雖然鋼鐵多一些、重量大一些，但是無法把它當寶劍用，它充其量只是一塊劍形的鐵而已。

同樣出自一個鐵匠之手，用同樣的工夫打造，兩把寶劍的命運卻有著天壤之別！鋒利的那把又薄又輕，而另一把則又厚又重；前者是削鐵如泥的利器，後者則只是一個不中用的擺設、一個包袱。

李嘉誠勇敢地承受了這一切磨難，他說，如果你說我以前困難的情形，我不只是「負資產」，我什麼資產都無。但李嘉誠贏了，贏得乾淨徹底。2

006年，李嘉誠在演講時說道：經驗是人生無價之寶，尤其是從艱苦憂患中成長的一代。

美國財經雜誌《富比士》評價李嘉誠道：「環顧亞洲，甚至全球，只有少數企業家能夠從艱苦的童年，克服種種挑戰而成功建立一個業務多元化遍佈全球55個國家的龐大商業王國，涉及的產業從地產、通訊、能源、基建、電力、港口到零售。」

富比士公司總裁兼首席執行長史蒂夫稱李嘉誠不僅是「我們時代最偉大的企業家」，而且「在任何時代，都是最偉大的企業家。」

成功的大道上注定充滿坎坷，佈滿泥濘。想要追求卓越的生活，必然要經過一條佈滿荊棘的道路。磨難是上天給所有人的一份賜予，只有在經歷磨難之後，才會品嘗到王者所能擁有的美麗人生。

成大事者要能吃苦、會吃苦

胡雪巖曾說過，走哪條路都不會一帆風順。商道亦無平道。生活中，每個人難免會遭遇挫折和苦難，就如同一年四季，必須要經歷冬天一樣。遭遇苦難時，我們只有能吃苦，學會吃苦，才能重新站立起來，開拓屬於自己的那片藍天。如果我們就此消沉了，放棄了，那麼我們就永遠也體會不到成功的甘甜，也永遠實現不了自己的人生價值。

曾有一次活動要高層經理人選出心中的十大「商業偶像」，其中李嘉誠就榜上有名，被譽為「最能吃苦的人」，因為李嘉誠好學，能吃苦。在李嘉誠的少年時代，因為要上夜校及到工廠跟單，每天回家時已經非常晚，而住處每晚12時後便會熄燈，他只好摸黑走樓梯，「一步步計算，數到一定的數目就知道到了家。」或許只是一個微不足道的細節，卻能看出一個十幾歲孩子面對變故，面對苦難的堅持與樂觀的情懷。

古有言：吃得苦中苦，方為人上人。意思很明確，一個人能吃苦，才能走向成功。就如李嘉誠。但是有人提出疑問，「在他那個年代，有很多人都能吃苦。那時候誰不能吃苦呀，不能吃苦就沒飯吃啊！可為什麼卻沒有幾個人能夠成功的？」因為李嘉誠不單能吃苦，而且會吃苦。他的每一次吃苦都是在為他的成功奠基。

香港人常說一句話：「力不到不為財」。意思就是：從來不會有天上掉下來的餡餅，若要成功，就得不怕吃苦。苦難有時也是一筆財富，富足、舒適的環境會使人慵懶，而苦難卻能使人奮發、拚搏、積極向上。而很多人一生卻都在重複一個動作，又怎能跑到他人的前面呢？

1946年，李嘉誠離開了中南公司，開始在一間小五金廠做推銷員。這是一個艱苦的工作，他由店裡的學徒變為一個推銷員，整日不停奔波，所獲卻甚少。但李嘉誠並沒有退卻，也沒有一股腦的吃苦。而是選擇如何吃苦。

李嘉誠經過思考，獨具匠心地發現，眾多的推銷員只著眼於賣日用雜貨的店鋪，而他可以直接向酒樓旅館進行直銷業務，直接向社區居民推銷啊。但很明顯這個苦頭將會比其他推銷員受的更大。不過，沒關係，誰讓他是李嘉誠呢！

於是，李嘉誠打動了酒樓老闆，獲得了單次要貨達100只桶的成績；同時，他發現了只要賣給一個老太太，其他的就會不請自來的規律，因為老太太們愛嗑牙，一來二去總會在無形中做了義務推銷員。這種吃苦法很快為他帶來了巨額效益，五金廠生意由此興旺非常。

後來，他創辦了長江塑膠廠，在那裡，他將自己六年來學習和觀察到的生意經驗和技巧運用於工廠的管理，終於獲得了豐碩的果實。

與此類似的吃苦方式不勝枚舉，李嘉誠用他的智慧證明了磨難不是一種可怕的瘟疫，而是一個鍛鍊、累積實力的階梯。可見，李嘉誠不僅能吃苦，而且會吃苦。人無全才，各有所長，亦各有所短。作為商人，要瞭解自己的優點，發揮自己的潛能，做適合自己長處的生意，這才是會吃苦的真實體現。

在西班牙的華僑中，西班牙三E公司總裁王紹基算是闖蕩商海的佼佼者之一。當年踏入商海時，他曾經歷了種種艱難、困惑、迷茫、無奈和掙扎。

生於浙江溫州的王紹基曾在杭州音樂學院和上海音樂學院先後專攻指揮和管弦樂器。1985年他在一個朋友的幫助下到馬德里謀生。初到西班牙，身上只有20美元的王紹基做過中餐館洗碗工、跑堂，還到鄰國葡萄牙跑過小買賣。他在一家小小的成衣加工廠裡做熨衣工，度過了一生最困難的時期。擁擠的車間非常簡陋，白天在這裡做工，晚上也在這裡睡覺。沒有床，就睡在從馬路邊撿來的破床墊上。

馬德里的夏天非常炎熱，通風不良的車間氣溫有時高達40℃以上。熨衣工手握滾燙的熨斗，更是熱得難以忍受。王紹基負責熨燙褲子，半分鐘必須熨燙好一條褲子，這在常人看來，的確是個又苦又累又緊張的工作。

但王紹基堅持了下來，而且時常抽空到當地中國人辦的西班牙語學校學習。在西班牙，語言不通幾乎是所有華僑都遇到過的一個難題。不通當地語言，就等於是個睜眼瞎，更談不上有什麼發展。西班牙語用途很廣，但卻非常難學，尤其是聽和說方面。西班牙人語速極快，不經過多年的苦學是聽不懂也說不出的。經過苦學苦練，王紹基逐步掌握了西班牙語，為日後的發展打下了必要的基礎。

二十世紀90年代初，幾年的苦心經營，王紹基創辦的三E公司已經成為西班牙進口中國商品的主要合作夥伴，而且從2003年起，王紹基又將經商的觸角伸展到新聞媒體方面，創辦了一家中文報紙《歐華報》，這使他的事業有了更大發展，人生也更加輝煌。

有一位哲人曾說：「人類中最偉大的人和最優秀的人，都出生在苦難這所學校中。這是一所催人奮發的學校，也是唯一能出偉人和天才的學校。」這句話在李嘉誠的身上得到了充分的驗證。不懂受苦就不懂做生意，學會吃苦才是成大事的必要保證。

誰也不是天生優秀

很多人似乎天生優秀，很多人似乎天生幸運，很多人似乎天生聰慧，……很多人常常這樣說，用以掩蓋自己的平庸。然而，李嘉誠很直白的告訴我們，人們讚譽我是超人，其實我並非天生就是優秀的經營者。到現在我只敢說經營得還可以，我是經歷了很多挫折和磨難之後，才領會一些經營要訣的。話雖樸實無華，交流卻是語重心長。

的確，沒有哪個人天生就是優秀者。每一位成功的企業家都不可避免地要經歷成長的快樂與煩惱。葉顯東也不例外。

1984年，高中畢業的葉顯東開始涉足童裝業。第一次出門跑業務時，葉顯東還搞不清怎樣洽談生意，但憑著聰慧和勤奮，一個多月跑下來，初出茅廬的葉顯東居然拿回了貨值8萬元的合同。初戰告捷，讓葉顯東對童裝業一見鍾情。很快，他就和親戚合作，在家鄉辦起了自己的童裝廠。1996年，在葉顯東的努力下，紅黃藍童裝有限公司成立了。

談起他對這些年服裝行業發展的感受，葉顯東說：「我有一個很形象的例子，那是我的親身經歷，一路走來，看看我的交通工具的變化，就知道我們溫州童裝業的發展腳步了。」二十世紀80年代是自行車的時代，90年代初是摩托車的天下，到90年代中期，汽車時代來臨，而如今生產商已有固定客源，送貨也是全物流操作了。這個過程是辛苦的，也體現著葉顯東對市場逐步成熟的認識。

1971年6月，李嘉誠宣佈成立長江地產有限公司，集中精力發展房地產業。在第一次公司高層會議上，李嘉誠躊躇滿志地提出：要以置地公司為奮鬥目標，不僅要學習置地的成功經驗，還要力爭超過置地。後來，李嘉誠說：「世界上任何一家大型公司，都是由小到大，從弱到強。赫赫有名的渣打爵士由英國初來香港，只是一個默默無聞的貧寒之士，他靠勤勉、精明和機遇，發達成巨富，創九倉、建置地、辦港燈。我們做任何事，都應有一番雄心大志，立下遠大目標，才有壓力和動力。」

為此，他樹立了一個遠期目標，並且在樹立目標時他已經做到了知己知彼。事實證明，到1979年，在不到10年的時間裡，長江實業集團已擁有樓宇面積達1450萬平方英尺，超過了當時擁有1300萬平方英尺的「置地」，成為香港最大的地產集團。置地的優勢，是每單位面積的樓宇價值昂貴。李嘉誠揚長避短，把發展重心放在土地資源較豐、地價較廉的地區，大規模興建大型屋村，最終以量取勝。

正因為誰也不是天生優秀，天生出眾，所以李嘉誠做事之前，往往三思，言語表達非常的謹慎，一般會留有餘地。1992年8月6日，李嘉誠發佈本集團中期業績報告，闡明投資重點轉移到內地的條件及方針：中國未來之國民經濟將有較大幅度之增長，前景令人鼓舞。香港整個經濟體系亦將由此而得益，為平穩過渡做好準備。自年初鄧小平南行深圳後，中國改革開放的勢頭得到深化，本集團在中國內地的投資的確增大了。

這種謹慎與穩健措施正是源自李嘉誠在創業初期吃的苦頭與磨難，因為站在近乎失敗的肩膀上，所以才有後來一次次的成功。

永不言敗，磨難中累積資本

邱吉爾曾說，想成功就絕不能輕言放棄。不輕言放棄，是成功必備的心態。

有一次牛津大學舉辦了一個「成功秘訣」講座，邀請到了當時聲譽極高的邱吉爾來演講。三個月前媒體就開始炒作，各界人士都翹首企盼。這天終於到來了，會場上人山人海，水泄不通。世界各大新聞機構都到齊了，人們準備洗耳恭聽這位大政治家、外交家、文學家的成功秘訣。邱吉爾用手勢止住如潮的掌聲後，說：「我的成功秘訣有三個：第一，決不放棄；第二，決不、決不放棄；第三，決不、決不、決不放棄！我的演講結束了。」說完，他立即走下講臺。

這是一種啟迪。在這個世界上，很少有人能一次就成功的。所以，看看每一個成功人士背後失敗的經歷吧，包玉剛、松下幸之助、史玉柱、李嘉誠等等。每個人的成功路上都灑有淚水與汗水。磨難立人，只有永不言敗才能體會到立人那一刻的輝煌。

十四歲時，李嘉誠的父親離世。從此，他毅然輟學求職，想要挑起一家生計的重擔。但當時他一無所有，根本難以在香港立足。即便是這樣，李嘉誠獨立、自信、倔強的秉性卻使他拒絕了舅父讓其到他的中南鐘錶公司上班的好意。李嘉誠不願受他人太多的蔭庇和恩惠，哪怕是親戚。

正是這樣一種永不言敗永遠進取的個性，促使李嘉誠一步步走上商界的巔峰。從他的成功之路可以看出他一直嚴格要求自己，激勵自己。

推銷其實沒有什麼秘訣，如果說有，那就是決不放棄、永不言敗，只有這種精神，才能在不斷地遭遇挫折、失敗後崛起，即使百戰百敗，也仍百敗百戰，直至成功。

李嘉誠年輕時做推銷數年，儘管他的成績非常不錯，但他總覺得有一種強烈的不安感。「難道我就這樣繼續生活嗎？推銷員的生涯能夠保障我的未來嗎？」這是對人生觀、職業觀的迷惘，是對未來的不安。於是，他總是為自己尋求更高的目標，跳槽，跳槽，跳槽。只是為了成長。其中，他不是沒有遇到困難，面臨三個月不賺一分錢的困境，他咬牙堅持了下去，在永不言敗中獲得了最終的成功。正是出於這種對目標的自我激勵和堅定不移的信念，讓李嘉誠賺足了走向成功的資本。

成功的路上總會佈滿荊棘。常人通常對此望而卻步，只有意志堅強的人才會執著前驅。

美國實業家希拉斯・菲爾德先生退休的時候已經積攢了一大筆錢，然而他突發奇想，想在大西洋的海底鋪設一條連接歐洲和美國的電纜。隨後，他就開始全心地推動這項事業。要完成這項工作不僅包括建一條電報線路，還包括建同樣長的一條公路。整個工程十分浩大。

菲爾德使盡渾身解數，總算從美國政府那裡得到了資助。然而，他的方案在議會上遭到了強烈的反對，在上院僅以一票的優勢獲得多數通過。隨後，菲爾德的鋪設工作就開始了。不過，就在電纜鋪設到5英里的時候，它突然被捲到了機器裡面，被弄斷了。

菲爾德不甘心，進行了第二次試驗。在這次試驗中，在鋪到200英里的時候，電流突然中斷了。就在菲爾德先生即將命令割斷電纜、放棄這次試驗時，電流突然又神奇地恢復，一如它神奇地消失一樣。夜間，船以每小時4英里的速度緩緩航行，電纜的鋪設也以每小時4英里的速度進行。這時，輪船突然發生了一次嚴重傾斜，制動器緊急制動，不巧又割斷了電纜。

但菲爾德並不是一個容易放棄的人。他又訂購了700英里的電纜，而且還聘請了一位專家，請他設計一臺更好的機器，以完成如此長的鋪設任務。隨後，兩艘船繼續航行，一艘駛向愛爾蘭，另一艘駛向紐芬蘭，結果它們都把電線用完了。兩船分開不到3英里，電纜又斷開了；再次接上後，兩船繼續航行，到了相隔8英里的時候，電流又沒有了。電纜第三次接上後，鋪了200英里，在距離「阿伽門農」號20英尺處又斷開了，兩艘船最後不得不返回到愛爾蘭海岸。

很多人都洩氣了，公眾輿論對此流露出懷疑的態度，投資者也對這一專案沒有了信心，不願意再投資。但菲爾德沒有就此放棄。他繼續為此日夜操勞，甚至到了廢寢忘食的地步，他絕不甘心挫敗。於是，第三次嘗試又開始了，這次總算一切順利，全部電纜鋪設完畢，而沒有任何中斷，幾條消息也透過這條漫長的海底電纜發送了出去，一切似乎就要大功告成了，但突然電流又中斷了。幾乎所有人都感到絕望。

但菲爾德仍然堅持不懈地努力，他最終又找到了投資人，開始了新的嘗試。他們買來了質量更好的電纜，這次執行鋪設任務的是「大東方」號，它緩緩駛向大洋，一路把電纜鋪設下去。一切都很順利，但最後在鋪設橫跨紐芬蘭600英里電纜線路時，電纜突然又折斷了，掉入了海底。他們打撈了幾次，但都沒有成功。於是，這項工作就耽擱了下來，而且一擱就是一年。

所有這一切困難都沒有嚇倒菲爾德。他又組建了一個新的公司，繼續從事這項工作，而且製造出了一種性能遠優於普通電纜的新型電纜。1866年7月13日，新的試驗又開始了，並順利接通、發出了第一份橫跨大西洋的電報！電報內容是：「7月27日。我們晚上9點到達目的地，一切順利。感謝上帝！電纜都鋪好了，運行完全正常。希拉斯・菲爾德。」

不久以後，原先那條落入海底的電纜也被打撈上來了，重新接上，一直連到紐芬蘭。現在，這兩條電纜線路仍然在使用，而且再用幾十年也不成問題。菲爾德的成功證明了只要持之以恆，不輕言放棄，就會有意想不到的收穫。

天下事最難的不過十分之一，能做成的有十分之九。要想成就大事大業的人，尤其要有恆心來成就它，要以堅忍不拔的毅力、百折不撓的精神、排除紛繁複雜的耐性、堅貞不屈的氣質，作為涵養恆心的要素。李嘉誠之所以成功，不是上天賜給的，而是日積月累自我塑造的。當我們為了完成某個計畫已經付出了很多時，那就堅持下去，也許最艱難的時候，也是離成功最近的時候。

第四章 行動就在當下

——胸中懷大志，行動才能成功

李嘉誠如是說：

◆力爭上游，雖然辛苦，但也充滿了機會。我們做任何事，都應該有一番雄心壯志，立下遠大的目標，用熱忱激發自己幹事業的動力。

◆你要別人信服，就必須付出雙倍使別人信服的努力。

◆從歷史的事實看，積極進取的精神，才是成功的決定性因素。

◆在劇烈的競爭當中多付出一點，便可多贏一點。就像參加奧運會一樣，你看一、二、三名，跑第一的往往只是快了那麼一點點。

◆當你做出決定後，便要一心一意地朝著目標走，常常記著名譽是你的最大資產，今天便要建立起來。

有志則斷不甘下流

道光二十二年，曾國藩手書「蓋士人讀書，第一要有志，第二要有識，第三要有恆」，「有志則斷不甘為下流，有識則知學問無盡」。

後李嘉誠曾在汕頭大學校友會成立典禮上引用，用以激勵學生。李嘉誠說：「曾國藩曾說：『士人第一要有志，第二要有識，第三要有恆，有志則斷不甘為下流，有識則知學問無盡，不敢以一得自足，有恆則斷無不成之事。』各位同學，成功的關鍵，在於我們能否憑著我們的意志，憑著我們的毅力，運用我們的知識、我們的原創力將之融入我們的生命，融入我們承傳的強大文化，使之轉化成為我們的智慧，使之轉化成為我們的力量，為我們民族締造更大的福祉、繁榮、非凡的成就和將來。」

李嘉誠少時立志，決心將來要創一番大業。在李嘉誠十三歲時，他要為自己、為母親、為弟弟妹妹擺脫貧困的生活而奮鬥。李嘉誠所想的並不是個人利益，而是他作為家中長子，就需要擔起整個家庭的重擔。當時香港的經濟環境比現在落後得多，生活艱難、人浮於事，哪有現在香港人這般富裕？貧困使不少香港人三餐不繼，莫說是企求他日顯貴，就是能夠保證溫飽，已是不少人的理想，甚至是夢想。但是，李嘉誠就是在這樣一個如此惡劣的環境之下，除了潔身自好，不自暴自棄之外，還毅然立志要開創一番事業。

成大事者首先要立志，要有見識，李嘉誠在推銷行業業績卓然之時辭職，獨力創立長江；他以小吞大，入住和黃；他拓土開疆，建立一個世界級財富帝國；他創建汕大，李嘉誠基金會，為華人爭了一大口氣……

1940年初，十二歲的李嘉誠隨家人逃難到香港。在香港李嘉誠接觸到了完全不同的文化，粵語、英語等等讓他眩暈。

竇應泰曾經鮮活地描述過這樣一個場景，「雖然那時香港尚不十分繁華，不過畢竟與廣州大不相同。僅僅古怪的街名就讓他不可理喻了，什麼銅鑼灣，什麼快活谷、荷里活道，什麼旺角和尖沙咀。」「香港那些狹窄街道上的路標幾乎都是英文書寫，而人與人之間的對話則是難懂的英文，即便偶爾遇上幾個廣東人，說起話來也都摻雜著難懂的英語。」而且，李嘉誠十分清醒，由於香港是英國殖民地，受英國人統治多年，其官方語言是英語，這是在香港生存必須要掌握的重要的語言工具，尤其是在上流社會。

於是，沒有選擇逃避的李嘉誠為了能讓自己具備一定的交際能力，他抓緊時間適應環境。李嘉誠不怕被人笑話「水皮」（廣東話「水皮」意指差勁），敢於大膽與人交流，從中學習。對於學英語困難，李嘉誠找了表妹做輔導，日夜刻苦訓練。終於，李嘉誠克服了這一難關，就此在香港扎下根來。

上海人姚貴1990年代移民到香港，以外來人的身分對記者說道：「在這個地方，如果你勤奮、努力，上天會很公平地讓你一定能賺到錢，過上好的生活。」李嘉誠就是活脫脫的一個例子。而李嘉誠的志向並不僅僅在於「過上好的生活」，他的視野，在全世界。當一個有志者奮起時，即使經歷再多的波折，承受再多的痛苦，他也不會覺得苦，不會覺得累，因為他是為了夢想而努力。這樣的經歷不由得讓我們想起那些過往的成功者，李小龍就是一典範。

由於父親是演員，李小龍從小就有了跑龍套的機會，他漸漸產生了當一名演員的夢想。但由於身體虛弱，父親讓他拜師習武以強身。但在心底，他從未放棄過當一名演員的夢想。一天，他與朋友談到夢想時，在一張便箋上寫下了這樣一段話：

「我，布魯斯・李，將會成為全美國最高薪酬的超級巨星。作為回報，我將奉獻出最激動人心、最具震撼力的演出。從1970年開始，我將會贏得世界性聲譽；到1980年，我將會擁有1000萬美元的財富，那時候我及家人將會過上愉快、和諧、幸福的生活。」

當時，他窮困潦倒。可以預料，如果這張便箋被別人看到，會引來什麼樣的白眼和嘲笑。但他牢記著便箋上的每一個字，克服了無數常人難以想像的困難，終於成為「最被歐洲人認識的亞洲人」，一個迄今為止在世界上享譽極高的華人明星。

安德魯・卡內基說：「我是不會幫助那些缺乏成為企業領袖的雄心壯志的年輕人的。」人生志向提升人生的價值。沒有遠大志向的人，就像一艘沒有目的的航船，永遠漂移不定，甘於順流而下。

曾國藩說，自己不立志，則雖日與聖人同住，亦無所成矣！

可見，志向對於一個人的發展是多麼的重要。

李嘉誠就是一個少年時代即有凌雲之志的人，他不會拘泥於眼前。總是會嚴格要求自己，摒棄生命中很多的誘惑，不畏懼挫折，在遭受磨難時妄圖依賴他人。因為在李嘉誠的眼中，只有一條路要走，那就是成功之路。

樂觀者勝於悲觀者：迎向陽光就不會有陰影

李嘉誠常說：「永不知足」。他之所以會取得如此大的成功，就是因為他不滿足於所取得的成績，不斷進取，始終激勵自己向前發展，並且給自己自信，而不是悲觀停滯，最後終於實現了自己的理想，達到了他所嚮往的地位。而很多人常常容易滿足，或是因為懼怕下一次失敗會讓自己一無所有而選擇停滯，而成為滄海一粟。這就是樂觀者與悲觀者的區別。

有個小故事《樂觀者與悲觀者的差別》可以很確切地說明這個問題。

樂觀者與悲觀者在爭論三個問題。

第一個問題：希望是什麼？悲觀者說：是地平線，就算看得到，也永遠走不到。樂觀者說：是啟明星，能告訴人們曙光就在前頭。

第二個問題：風是什麼？悲觀者說：是浪的幫兇，能把你埋葬在大海深處。樂觀者說：是帆的夥伴，能把你送到勝利的彼岸。

第三個問題：生命是不是花？悲觀者說：是又怎樣，開敗了也就沒了。樂觀者說：不，它能留下甘甜的果。

突然，天上傳來一個聲音，也問三個問題。

第一個：一直向前走，會怎樣？悲觀者說：會碰到坑坑窪窪。樂觀者說：會看到柳暗花明。

第二個：春雨好不好？悲觀者說：不好！野草會因此長得更瘋！樂觀者說：好！百花會因此開得更豔！

第三個：如果給你一片荒山，你會怎樣？悲觀者說：修一座墳墓。樂觀者說：種滿綠樹。

就這麼你一言我一語，針鋒相對，只不過他倆都不知道，在空中提問的是上帝。

他們更不知道，就因為這場爭論，上帝給了他們兩樣不同的禮物。

給了樂觀者勇氣，給了悲觀者眼淚。

那麼，何以最終悲觀者會失敗而樂觀者會成功呢？因為，樂觀的人心裡始終是向陽的，始終堅信，只要我做，就可以做好的信念；而悲觀的人心裡始終是向陰的，所以總是踟躕不前，終被時間拋棄。一切偉大的領導者，不論他們是在人生的哪個領域中有傑出成就，都知道全心追求理想所能發出的力量是無與倫比的。而李嘉誠所選擇的，正是這種積蓄實力，在堅信我能做到的信念中勇敢踏出去，努力闖天下。而結果也十分公平，李嘉誠成為了全世界華人首富。

回顧李嘉誠及其集團的一生，我們只能說，李嘉誠的樂觀是自己儲備的。在長江集團60年的發展中，最重要的幾個歷程，分別是：

第一，擊敗英商置地，奪得地鐵中環站與金鐘站上方的物業發展權，成為香港地產新霸主；

第二，購併和記黃埔，取得香港四大英資公司之一的控制權，亦創下華商購併外資最大交易案；

第三，購併加拿大赫斯基（*Husky*）能源，擁有全球可發展油砂儲存量最高的能源公司之一。這三個歷程，分別代表李嘉誠從「塑膠花大王」，變成香港地產大王，再跨行成為全球貨運港與零售商霸主，及未來可能的能源巨擘。

每一次都是在與強大阻礙力對決中贏的。第一次，在別人都篤定是置地贏的時候，他並沒有悲觀放棄，而是相信自己能夠打敗置地；第二次，在別人都覺得和黃是一頭大象根本吃不下的時候，李嘉誠以蛇吞象的方式締造了一個奇蹟，原因依然在於他足夠樂觀，相信自己能吃得下，並且能消化得下；第三次，當別人都如躲瘟疫般躲著這堆爛攤子的時候，李嘉誠客觀估計形勢，樂觀認為前景很好，於是果斷購買，從而為二十二年後的崛起創造了又一項奇蹟……

古語曰：「欲得其中，必求其上；欲得其上，必求上上。」大凡那些成功的政治家、著名的企業家、優秀的藝術家、傑出的科學家、創造紀錄的運動員都有一種一般人所沒有的成就動機，都有樂觀的精神。

每個人在一生中都有一門重要的學問要學，那就是怎樣去面對「失敗」，李嘉誠說，若一夜之間所有財富都沒了，我不擔心，因為「相信我可以再賺一筆錢，足夠生活」。既然可以把失敗當成一件無足輕重的事，那麼為何不前進呢？

把目標一直定在前方

美國成功學家拿破崙•希爾說：「你過去或現在的情況並不重要，你將來想獲得什麼成就才最重要。有了目標，內心的力量才會找到方向。」目標是構成成功的基石，是成功路上的里程碑。目標能給你一個看得見的靶子，一步一腳印去實現這些目標，你就會有成就感，就會更加信心百倍，向高峰挺進。一直把目標定在最前方，是對自己的一種推動力，它能長時間激發創造的熱情，不懈追求。

李嘉誠如果當年沒有胸懷大志，也許他只是一個熟練的推銷工；如果沒有不懈的追求，那麼他也許只是一個小長江廠的老闆；如果沒有持續的進取，那麼他也許走進和黃就可以永遠退休了；如果沒有走向世界的目標，也許，世界華人首富將就此易主。然而，李嘉誠一步步走過來了，他的目標隨著他的進步而增大，而他的進步則隨著目標的增大而愈加進步。這就是目標的力量。

羅馬娜•巴紐埃洛斯是一位年輕的墨西哥女孩，十六歲就結婚了。在兩年當中她生了兩個兒子，丈夫不久後離家出走，羅馬娜只好獨撐家庭。但是，她決心謀求一種令她自己及兩個兒子感到體面和自豪的生活。

她帶著用一塊普通披巾包起的全部財產，在德州的埃爾帕索安頓下來，並在一家洗衣店工作，一天僅賺一美元。她想，要在貧困的陰影中創建一種受人尊敬的生活。於是，口袋裡只有七美元的她，帶著兩個兒子乘公共汽車來到了洛杉磯。她開始做洗碗的工作。

她想，我要為自己而工作。於是，她拚命存錢，終於與姨母一起買下一家擁有一臺烙餅機及一臺烙小玉米餅機的店。她們共同製作的玉米餅非常成功，後來還開了幾家分店。不久，她經營的小玉米餅店鋪成為全國最大的墨西哥食品批發商，擁有員工三百多人。

然而，她並沒有因此鬆懈下來。不久她又開始有了一個新目標，那就是提高她美籍墨西哥同胞的地位。「我們需要自己的銀行」，她想。後來她便和許多朋友在東洛杉磯創建了「泛美國民銀行」。如今，銀行資產已增長到兩千兩百多萬美元。後來她的簽名出現在無數的美國貨幣上，她由此成為美國第34任財務部長。

有了明確高遠的目標，還要有火熱的、堅不可摧的向上、奮進的力量，才會產生堅決有力的行動。一個人只有不畏困難，不輕言失敗，信心百倍，朝著既定的目標永不回頭、奮鬥不止，才會在自己的人生道路上創造出輝煌的業績。

除了要成就一番大業，使企業成為行業領袖外，李嘉誠的大志還包括做到最好。如果一個企業規模是最大的，但所生產的產品在品質上有問題，這個大企業或遲或早都會出現問題。但李嘉誠沒有只是追求最大，而是追求最好。要做到最好、最優質。做到最好、做到最優質是李嘉誠一貫的生意手法，也是李嘉誠的處世哲學。

俄國文學家高爾基曾說過：「一個人追求的目標越高，他的才力就發展得越快，對社會就越有益，我確信這也是一個真理。這個真理是由我的全部生活經驗，即我觀察、閱讀、比較和深思熟慮過的一切確定下來的。」

當李嘉誠被挖角到塑膠廠的時候，他發現「塑膠褲帶公司有7名推銷員，數李嘉誠最年輕，資歷最淺。另幾位是歷次招聘中的佼佼者，經驗都比自己豐富，已有固定的客戶」。但是李嘉誠並沒有因此放棄，他很迅速地給自己定下了一個短期目標：「3個月內，幹得和別的推銷員一樣出色；半年後，超過他們。」

而事實也正是如此，只用了一年時間，李嘉誠便實現了他的預定目標：超越另外6個推銷員。年終業績統計時，連李嘉誠自己都大吃一驚，自己的銷售額竟然是第二名的7倍！很快李嘉誠又被提拔為部門經理，兩年後，他又被任命為總經理，全權負責公司日常事務。

成為總經理之後，李嘉誠依然沒有放鬆自己，而是又為自己訂立了新目標，那就是擁有自己的公司。於是他愈加勤奮地累積自己的實力。雖身為總經理，卻始終把自己當小學生：他更多的時候是蹲在工作現場，身穿工作服，和工人一起做。每道工序他都會親自嘗試，李嘉誠希望自己能做到不但熟稔推銷工作，並且對整個生產及管理環節都做到熟悉。他再一次做到了，於是請辭，一手創建了屬於自己的長江廠。從此走向了成功的道路。

自己給自己施加壓力，這是李嘉誠一生的信條。因為他知道，目標之於事業，具有舉足輕重的作用。目標是信念、志向的具體化，奮鬥者一定要有夢想，夢想正是步入成功殿堂的源泉。一個人之所以偉大，首先在於他有一個偉大的目標。

看準了目標，就絕不半途而廢

《荀子．勸學》寫道：「鍥而捨之，朽木不折；鍥而不捨，金石可鏤。」

法國著名作家伏爾泰曾說：

「要在這個世界上獲得成功，就必須堅持到底，劍至死都不能離手。」

任何人成功之前，必然會遇到很多挫折。碰到不如意的事，選擇放棄也許是最簡便的做法，卻再難有所成就。一個人若要有所成就的話，就必當有恆心，持之以恆，絕不能半途而廢。李嘉誠便是這樣一個能闖之人，於絕境中不放棄，於困境中不半途而廢的人。

被同鄉李嘉茂挖角過來，李嘉誠是直奔著自己的目標努力的。然而很快他便發現，李嘉茂是個急性子，喜歡按自己的主見行事，對手下七個工人每天製鐵桶要有定額。如若完不成定額，輕則扣發薪水，重則當場解雇。

李嘉誠明白，這是採取強制措施以便完成每天定額。由於如此精明實用的獎罰方法在當時是不多見的，所以第一次試水的他不禁卯足了勁。

做推銷員自然是十分辛苦的，除了每天都要風雨無阻地奔波之外，還要看各色人的臉色。因為這種小鐵桶的購買者多為香港的下層貧民。而小鐵桶的使用者們大多都有舊桶可使就不再購新桶了，有些居民即便是買，一般也會採取能省則省，能壓價就壓價的做法。

有時李嘉誠費了許多唇舌講好了一樁生意，屈指一算，利潤幾乎剛好與成本持平。這種沮喪感是難以形容的。而隨時都有可能被「炒魷魚」更是讓李嘉誠如坐針氈。想起鐘錶店的那段時光，不能不讓人感嘆。

然而李嘉誠並沒有因此而退卻，他那絕不半途而廢的性格給了他堅強的支撐。於是，他拚命開動腦筋，而不再一味蠻幹。他想：「如果我想在五金廠立穩腳跟，就必須做幾單大生意。否則我在五金廠遲早會栽跟斗的。」

一開始，李嘉誠把目光盯在香港幾家大酒店。譬如君悅、半島、文華、西港城、聚星樓酒店等等。為了能不盲目，他多次前往各大酒樓調查瞭解，發現這些酒店的客房中均需要這類小鐵桶。但麻煩的是，這類用量較多的酒樓飯店不會輕易購買像李嘉茂這樣沒有名氣的五金小廠的產品。李嘉誠自己有把握嗎？

答案是沒有。但是沒有也不能讓這個目標就此流產。於是，他偷偷進了君悅大酒店。並且說服了老闆的女秘書，讓他見到了老闆。

但這仍然不等於成功，因為大老闆還沒有點頭。當老闆發現李嘉誠時，李嘉誠已經足足等了幾個小時。他見了老闆，剛提到五金廠的小鐵桶，不料老闆竟不客氣地打斷了他的話，說：「年輕人，你就不必費口舌了，我們君悅大酒店是絕對不會進你們五金廠任何產品的。即便你們的產品確如你所說的那樣質高價廉，我也不會同意進貨的。」計畫終於還是夭折了。

李嘉誠知道即便繼續糾纏下去，也不會再有轉機。於是他禮貌地向老闆致意，然後告辭出門。

但是，突然，一個想法衝出了他的意識。走到樓下的李嘉誠忽然又轉身上了樓梯謙遜地對老闆說道：「是這樣，我剛才就這樣匆忙下樓其實是不禮貌的。因為我還沒有徵求先生對我推銷方式的意見呢？因為我很年輕，也是剛做這種生意，所以難免有些不諳此道。我對先生並無其他所求了，只求先生能以長輩的角度，給我的推銷方式提供一點寶貴的意見！」

老闆不禁對他刮目相看。他很坦誠地說：「年輕人，並不是你在推銷過程中有什麼不禮貌，應該說你是個很會做事的人。你當推銷員也很稱職。只是你們五金廠太小，產品也不能登入大雅之堂，尤其是像我們這樣的大酒店，一般都從有名氣的廠家進貨。所以我只能拒絕你了，請你原諒。」

這是一個契機，李嘉誠意識到。他果斷地判斷出了他們這個大酒店是從香港名氣很大的凱騰五金店廠進小鐵桶的。而凱騰五金店廠有一個極大的漏洞：他們的產品質量不夠好，因為他們用的並不是進口鍍鋅板材，雖然他們在出售產品時是打著日本材料的招牌，其實他們只是使用五金廠不用的邊角餘料進行再加工，然後再以進口鍍鋅板的名義上市罷了。

李嘉誠的陳詞令這位老闆不禁吃了一驚，後來他果然查出了真相，正是李嘉誠所言。而且李嘉誠推銷的小鐵桶非但都用上好鍍鋅板製成，價格也更低廉。於是，這位老闆馬上派人照李嘉誠名片上的地址找到了位於新界一處荒涼郊外的工廠，一下子就訂下了500只小鐵桶的訂單。

李嘉誠正是因為沒有半途而廢，這才從絕境中發現了成功的制勝之機，從而一舉成名。

有人曾統計過，全美國的富豪中，有500人以上親口說過，他們最轟轟烈烈的成功和打擊他們的挫折之間相距僅有一步。要想成功，就不能被放棄的心情左右，你要知道黃金只在三尺之下。

世人往往驚羨於李嘉誠現時的地位與金錢，而忘記其所付出的這一切。如果當年資歷最淺，情況最不利的李嘉誠中途放棄了，那麼等待他的，說不定就是一文不名的市井小民，抑或是一輩子的窮光蛋了。

只有鍥而不捨，才可達成目標。這種持之以恆的精神對經商者便如同一雙翅膀，帶他們飛越他人，走向成功。

自己做老闆最瀟灑

世界上，敢跳槽者很多，能跳出大名堂的卻很少；世界上，打工賺錢者很多，能成大富者卻很少；世界上，欲成大事者很多，能成大事者卻很少。這就是癥結所在。要想成就大事，便要敢闖，敢於跳槽，敢於自己做老闆，敢於成大事。

在潮汕，有著中國最富的一批人，也有著世界級的富人。亞洲首富李嘉誠，甚至加拿大、澳洲、新加坡、泰國的華人首富，幾乎都出自這個地方。是一方水土養一方人嗎？也許，不僅僅是潮汕，很多人都是這樣，猶太人、溫州人……

扎根香港的李嘉誠曾對兒子說，要「自己做老闆」，因為如果不能拋開身邊「拐杖」獨立自主，又怎麼成就你的雄心壯志，出人頭地呢？

回首李嘉誠幾十年的人生，無不印證著這一句話。

他不滿足於現狀，不願享受一勞永逸的生活。於是他辭去總經理的職位，以個人資金開創自己的事業，有了自己的長江。這時他的目標開始清晰了，就是首先要開辦一所塑膠花廠，作為事業展開的第一步。但這只是第一步。因為在他心中，塑膠花廠的建立和運作成功只是他的眾多目標之一，李嘉誠還有很多更遠大的目標。

李嘉誠的塑膠花廠辦得非常成功，他因此贏得了「塑膠花大王」的稱號。但對李嘉誠來說，塑膠花廠只不過是起步而已，他下一個目標就是進軍當時的地產界。後來，他終於成功地在地產行業中打出名號，而且創建了香港最有實力的地產發展公司。

李嘉誠透過一連串的收購活動，不斷將自己的企業壯大。這仍然是他逐步實現個人理想的過程。每一個目標完成之後，他都會有另外更多的目標，而且通常都是更高的目標。他在實現自己理想的過程中，不斷訂立不同的、較為具體的目標，然後一步一步地向這些具體目標進發。

有了自己的和黃，可以自主決策，可以育人，栽培出了數個「打工皇帝」，可以追求自己的理想，為公益事業而不懈堅持。

做茶樓跑堂時，他注重觀察，揣摩人的心思，練就了紮實的經商基本功；做學徒時，他暗自下苦功旁觀學習，掌握了鐘錶技術，發現了自己的目標；做銷售員時，他磨練了自己的耐性和思考力……無論走到哪一步，李嘉誠都在完成自己為自己設定的一次次挑戰，在每次完成中都累積雄厚的人生與商業經驗，無數次成為同事中的佼佼者。

這些都是為什麼？答案很清晰，因為他希望有朝一日自己可以熟稔全部過程，成長為一位成熟的全局控制者，自己做老闆，實現自己的理想和抱負。

李嘉誠說：「只要你願做某件事情，就不會在乎其他的。」因此他可以忍受每一步的艱辛，依然在荊棘路上奮勇前進。

在李嘉誠麾下，曾出了數名「打工皇帝」，其中霍建寧的年收入達香港一家上市公司市值的1.7

倍。但在人們的心目中，依然在「皇帝」前面加了兩個字「打工」。可見人們對「老闆」二字的重視。事實也正是如此，只有自己做老闆，才能真正做到實現自我價值的最大化，才能不在大決策上受人制衡。

幾乎所有立志於有所成就的人似乎都有著相同的目標，自己做老闆。

1986年，退役的林戈到深圳找朋友玩，紅紅火火的裝潢業讓他留在了這座城市。「連我自己也沒有想到，這會是我後來的主業。」他在採訪時說道。

林戈在做好自己分內的工作外，還去大學聽一些設計方面的培訓。林戈與眾不同的舉動被公司老闆看在眼裡，兩年時間過去，他找來林戈，要提拔他為公司裝潢部經理，並承諾當時看來是「天價」的薪酬：月薪8000元。他以為這個年輕的潮汕人會感激涕零地接受，令他大感意外的是，林戈婉言謝絕了。因為他要自己做老闆，自己開公司。

「兩年的時間，我已經摸清了裝潢行業的每一道脈絡，就拉了一幫兄弟出來幹了。」林戈就從這裡開始起步、壯大。1992年，英協地產進軍鄭州，在鄭州接的第一個工程是豐產路的一家酒店。他帶著空壓機、射釘槍這些當時在內地還很稀罕的工具進駐工地，只用了一個晚上，就完成了幾百平方米的吊頂。

「當時流行全國裝修看深圳，林戈從深圳帶回的不光是這些新奇的玩意兒，還有南方裝潢業獨特的超前理念，這些把業主震得目瞪口呆，他的裝潢公司在河南就這樣一炮打響。」潮汕商會秘書長黃楚明說。

正是志在闖蕩一番，建功立業的心態讓李嘉誠褪去平凡，走向卓越。這一心態也的的確確影響到他後來的事業。無論是在這股經營地產的狂潮中，還是在向世界擴張中，李嘉誠都表現出了一種高瞻遠矚的魄力，而這種魄力，正是源自一種老闆角度的考慮，而不是甘於被人領導。

事業的成功，是先要有理想，然後再有具體的目標。跨過一個又一個的目標，理想就可以慢慢實現。這一點我們從李嘉誠事業發展的過程中可以學習到。

持之以恆是成功的基石

立定志向是不難的，難的是持之以恆地按照自己既定的目標計畫不斷地奮發，不斷地進取。有道是「有志者立長志，無志者常立志」。工作是一步一個腳印紮紮實實才能做好的。

確立人生目標，不斷地鞭策自己，持之以恆地做，必會使自己更好地成長，擁有成功人生。持之以恆是成功的基石，這一點在李嘉誠身上也得到了很好的印證。

李嘉誠出身於社會基層的知識分子家庭，父親李雲經一度經商，失敗後回家鄉教書，因此李嘉誠在童年受到很好的學校教育和家庭教育。然而，這一正常健康成長歲月很快就為時代的車輪所輾碎，由於日本入侵，父親不得不帶著一家人從潮州逃難到香港。

到港之後，李雲經對兒子的教育大有改觀。他不再以古代聖賢的言行風範訓子，而是要求李嘉誠「學做香港人」。

人與人首要的交際工具是語言。

香港的大眾語言是廣東話。廣東話屬粵方言，潮州話屬閩南方言，彼此互不相通。在香港，不懂廣東話寸步難行。

香港的官方語言是英語，這是香港社會的一種重要語言工具。

李雲經要求李嘉誠必須攻克這兩種語言，一來立根於香港社會，二來可以直接從事國際交流。將來假若出人頭地，還可以身登龍門，躋身香港上流社會。

李嘉誠把學廣東話當成一件大事對待，他拜表妹表弟為師，勤學不輟。他年紀輕，很快就學會一口流利的廣東話。

困難的是英語關。李嘉誠進了香港的中學念初中。香港的中學，基本上都是英文中學，即便是中文中學，教材也是英文教材佔了半數以上。

這是港英政府推行殖民化教育的結果。從客觀上講，這也有助於提高港人商業文化的素質。香港之所以能成為國際化大都市，與港人的整體英語水準較高密不可分。懂得英語，就能更直接地接受西方文化，從事國際間的經濟文化交流。

自小備受嬌寵的李嘉誠到了香港，不再是昔日學校的驕子，他坐在課堂聽課時，如同鴨子聽雷一般，完全不知所云。看看其他同學，都是從小便開始學學習英語。李嘉誠深深知道自己身上的不足，心底不由升起一股自卑感。

李雲經經常詢問兒子在學校的情況，說道：「在香港，想做大事，非得學會英語不可。」

李嘉誠點頭，他明白父親的苦心。且不說為了前途，單是為了這來之不易的學費，他也會刻苦勤學以求上進來報答父恩母愛。多少年以後，每當李嘉誠回憶起當年父親生病而不求醫，卻省下藥錢來供他讀書，母親則是縫補漿洗，含辛茹苦的維持一家生計時，每每都是禁不住神色愀然。

李嘉誠學英語的刻苦，幾乎達到了走火入魔程度。上學放學路上，他邊走邊背單詞。夜深人靜，李嘉誠為不影響家人休息，常常獨自跑到外面路燈下讀英語。天矇矇亮時，他便起身，什麼也不顧，就念起英語來。

即使後來父親早故，李嘉誠輟學到茶樓、到中南鐘錶公司當學徒，在一天多個小時的辛苦工作後，他也從不間斷地堅持業餘時間來補習英語。

有時實在是太累了，筋疲力盡，連走路的力氣都沒有，李嘉誠也依然堅持每天自學到深夜才睡，從不懈怠。

果然皇天不負苦心人，幾年後，李嘉誠便能熟練地掌握和運用英語了，同時還練就了一口流利的廣東話。

李嘉誠在晚年接受採訪時還說：「我每天晚上都要看英文電視，溫習英語。」

在日後的商戰風雲中，廣東話和英語使李嘉誠受益匪淺。

要成功，最忌「一日暴之，十日寒之」，「三天打魚，兩天曬網」。遇事淺嘗輒止，必然碌碌終生而一事無成。

世上愈是珍貴之物，則費時愈長，費力愈大，得之愈難。即便是燕子壘巢，工蜂築窩也都非一朝一夕的工夫，人們又怎能企望輕而易舉便獲得成功呢？

天上沒有掉下來的餡餅，數學家陳景潤為了求證「哥德巴赫猜想」，他用過的計算紙幾乎可以裝滿一個小房間；名作家姚雪垠為了寫成長篇歷史小說《李自成》，竟耗費了40年的心血……大量的事實告訴我們：點石成金需恆心。

俗話說得好：滾石不生苔，堅持不懈的烏龜能快過靈巧敏捷的野兔。如果能每天學習1小時，並堅持12年，所學到的東西，一定遠比坐在學校裡接受四年高等教育所學到的多。正如十九世紀英國著名學者布林沃所說：「恆心與忍耐力是征服者的靈魂，它是人類反抗命運，個人反抗世界，靈魂反抗物質的最有力支持，它也是福音書的精髓。從社會的角度看，考慮到它對種族問題和社會制度的影響，其重要性無論怎樣強調也不為過。」

人類迄今為止，還不曾有一項重大的成就不是憑藉堅持不懈的精神而實現的。

因為有了恆心，才有了埃及上宏偉的金字塔，才有了耶路撒冷巍峨的神廟；因為有了恆心，人們才登上了氣候惡劣、雲霧繚繞的阿爾卑斯山，在寬闊無邊的大西洋上開闢了海底電纜……

滴水可以穿石。如果三心二意，哪怕是天才，也勢必一事無成；只有仰仗恆心，點滴累積，才能看到成功之日。勤快的人能笑到最後，而耐跑的馬才會脫穎而出。

凡是用恆心當作資本從事事業者，他成功的可能比那些以金錢為從事事業資本者要大得多。人們的成功史，每時每刻都在證明擁有恆心可以使人脫離貧窮，可以使弱者變成強者，變無用為有用。

切莫安於現狀

成功者往往有顆不安分的心，想賺大錢的人也往往是不安定分子。他們很多都在心中「養」了隻兔子，活蹦亂跳，永不原地踏步。所以，也在心中養隻兔子吧，讓它的不安分引領你向更多的財富奔去。

失敗的原因很多：缺乏個人能力、遭遇困境無法逾越、單打獨鬥無人幫助、失去夢想……追尋財富的過程總是困難重重，失敗在所難免，也在意料之中。當功成名就或者已經擁有一定錢財和地位時，失敗是否就會遠離自己？當然不是，一個貪圖享樂的人仍會將財富葬送，只有懷有遠大夢想，將既得財富視為新的臺階，人生才能有更大的發展。

試想如果當初李嘉誠只想安於享受現有財富，將繼續奮鬥的念頭拋到腦後，他就不會有現在的成績。一個不安於現狀的人才有爭取更大財富和成功的野心。相反，人如果被一時的利益迷住了雙眼，安於現狀，停滯不前，只會讓自己慢慢「墮落」，直至重歸貧窮，失去已有的一切。這樣的例子在生活中並不少見。

有一個叫李剛的人，他曾經在一家合資企業任首席財務長。在成為首席財務長之前，工作非常賣命，也取得了突出的成績。老闆非常賞識他，第一年就把他提拔為財務部經理，第二年提拔為首席財務長。

當上首席財務長後，拿著豐厚的薪水，駕著公司配備的專車，住著公司購買的華宅，他的生活品質得到了很大的提升。然而，他的工作熱情卻一落千丈，他把更多的精力放在了享樂上。

當朋友問他還有什麼追求時，他說：「我應該滿足了，在這家公司裡，我已經到達自己能夠到達的頂點了。」李剛認為公司的CEO是董事長的姪子，自己做CEO是不可能的，能夠做到首席財務長就到達頂點了。

他做首席財務長差不多一年的時間，卻沒有幹出值得一提的業績。朋友善意地提醒他：「應該上進一點了，沒有業績是危險的。」

果不其然，幾天之後，他被辭退了，豐厚的薪水沒了，車子也歸還給了公司。一切都是因為他的懶惰和缺乏進取心。

永不滿足是促使事業成功的動力。青年時期輕而易舉地獲得成功，如果就此心滿意足，不思進取，最初的成功就會成為失敗的源頭。「十歲是神童，十五歲是才子，但是20年之後，可能又成為平凡之人。」這句俗語，說透了其中的含義。

少年貧困的李嘉誠能白手成家；反之，繼承父母財產的人，卻往往家道中落。如此看來，沒有欲望的人，就好比沒有上緊發條的鐘錶一樣，要鐘錶走動，必須費些力氣，親自上緊發條。十九世紀英國著名文學家湯瑪斯•卡萊爾說：「沒有追求的人很快就會消沉。哪怕只有不足掛齒的追求也總比沒有要好。」所以我們不妨學習像李嘉誠一樣，做一個事業上永不知足的「野心家」，無論取得了怎樣的成績，心中總想著下一個，不安於現狀，成功之路便會走得更遠更高。

第五章　以勤為徑

——勤奮能補拙，努力就有超越

李嘉誠如是說：

◆我認為勤奮是個人成功的要素，所謂「一分耕耘，一分收穫」，一個人所獲得的報酬和成果，與他所付出的努力有極大的關係。運氣只是一個小因素，個人的努力才是創造事業的最基本條件。

◆別人做八個小時，我就做十六個小時，開始別無他法，只能以勤補拙。

◆做事投入是十分重要的，你對你的事業有興趣，你的工作一定會做好。

◆決定一件事時，事先都會小心謹慎研究清楚，當決定後，就勇往直前去做。

◆盡量擠出時間使自己得到良好的休息。只有得到良好的休息，才會有充沛、旺盛的精力去面對突如其來發生的各種事情。

天道酬勤：用「勤」挑戰自我

曾有人問李嘉誠成功的秘訣，李嘉誠講了一則故事：

日本「推銷之神」原一平在六十九歲時的一次演講會上，當有人問他推銷的秘訣時，他當場脫掉鞋襪，將提問者請上講臺，說：「請你摸摸我的腳板。」

提問者摸了摸，十分驚訝地說：「您腳底的老繭好厚呀！」

原一平說：「因為我走的路比別人多，跑得比別人勤。」

提問者略一沉思，頓然醒悟。

李嘉誠講完故事後，微笑著說：「我沒有資格讓你來摸我的腳板，但我可以告訴你，我腳底的老繭也很厚。」

任何人想要成功，都需要付出行動。天道酬勤，如不付出根本性的行動，到最後只可能是竹籃打水一場空。李嘉誠作為其財富帝國的掌舵者，如果沒有付出「天道酬勤」的努力，又怎可能擁有天之賜予，贏得財富的資本，走向成功？時間，總是給懶惰者留下空虛和懊悔，給勤奮者帶來智慧和力量。

李嘉誠曾在*1981*年談到自己走向成功的因素，第一句話便是說「在二十歲前，事業上的成果百分之百靠雙手勤勞換來」。無論你是富有還是貧窮，只要你勤勞，你就有可能登上事業之基。

作家陳文祥曾經評論說：「真是萬萬想不到，李嘉誠發家致富的制勝法寶，居然是簡單得不能再簡單的『勤勞』二字。……儘管想當『李嘉誠』的年輕人數不勝數，但香港為何至今仍只有一個李嘉誠？」

當年李嘉誠放棄舅舅的供給，踏入社會，做最沒有地位的堂仔抑或學徒；後來又離開舅舅的鐘錶店，走街串巷，風雨無阻做推銷員。在推銷五金製品之時，面對塑膠製品的巨大威脅，李嘉誠沒有選擇半途而廢。天道酬勤，挑戰自我。如果沒有這八個字，李嘉誠又怎麼走出那一條條弄巷，踏上飛機奔赴世界各地？

李嘉誠說：「別人做8小時，我就做16個小時，起初別無他法，只能以勤補拙。」如果李嘉誠和別人一樣按部就班幹8個小時，而不是自己給自己施加壓力，以勤補拙幹16個小時，僅一年工夫，李嘉誠又怎麼會實現超越另外6個推銷員，銷售額是第二名7倍的壯觀成績？

在這個世界上，任何成功的人都不是靠單純的幸運或是後盾活的。而是以勤為徑，一步步走向成功之路。

美國前總統亨利·威爾遜出生在一個貧苦的家庭，當他還在搖籃裡牙牙學語的時候，貧窮就已經衝擊著這個家庭。威爾遜十歲的時候就離開了家，在外面當了11年的學徒工。這期間，他每年只有一個月時間到學校去接受教育。

經過11年的艱辛工作之後，他終於得到了一頭牛和六隻綿羊作為報酬。他把牠們換成了84美元。他知道錢來得很艱難，所以絕不浪費，他從來沒有在玩樂上花過一分錢，每個美分都要精打細算才花出去。

在他21歲之前，他已經設法讀了1000本書——這對一個農場裡的學徒來說，是多麼艱巨的任務呀！在離開農場之後，他徒步到150公里之外的麻薩諸塞州的內蒂克去學習皮匠手藝。他風塵僕僕地經過了波士頓，在那裡他看了邦克希爾紀念碑和其他歷史名勝。整個旅行他只花了一美元六美分。

在度過了21歲生日後的第一個月，他就帶著一隊人馬進入了人跡罕至的大森林，在那裡採伐原木。威爾遜每天都是在東方剛剛翻起魚肚白之前起床，然後就一直辛勤地工作到星星出來為止。在一個月夜以繼日的辛勞努力之後，他獲得了6美元的報酬。

在這樣的窮困境遇中，威爾遜下定決心，不讓任何一個發展自我、提升自我的機會溜走。很少有人像他一樣深刻地理解閒暇時光的價值，他像抓住黃金一樣緊緊地抓住了零星的時間，不讓一分一秒無所作為地從指縫間白白流走。

12年之後，這個從小在窮困中長大的孩子在政界脫穎而出，進入了國會，開始了他的政治生涯。

一個人的發展與成長，天賦、環境、機遇、學識等外部因素固然重要，但更重要的是自身的勤奮及敢於挑戰自我。沒有自身的勤奮，就算是天資奇佳的雄鷹也只能空振雙翅；有了勤奮的精神，卻不敢挑戰自我，只能永遠埋於塵埃之中做一棵無名小草。成功不能單純依靠能力和智慧，更要靠每一個人自身孜孜不倦地勤奮工作，和不懼困境的自我挑戰。

關於李嘉誠，香港某報曾有如下誠懇評價：「李嘉誠發跡的經過，其實是一個典型青年奮鬥成功的勵志式故事，一個年輕小夥子，赤手空拳，憑著一股幹勁勤儉好學，刻苦耐勞，創立出自己的事業王國。」

李嘉誠不但自己刻苦耐勞，就連對兒子的教育，也是以勤為主，「勤能補拙，吃得苦中苦，方為人上人。」

富力地產集團總裁張力曾表示：「任何一個成功的老闆首先應該勤奮，以香港第二代鉅賈們的子弟來說，像長江、新鴻基這幾家的小孩都很勤奮，還有幾家的小孩很懶，他們的企業就走下坡路了。在廣州我也看到一些有錢的老闆，賺了錢就打高爾夫球，公司慢慢就倒閉了。」

「書山有路勤為徑，學海無涯苦作舟。」這絕不是句虛話。

止惰和守勤是成功的信條

古話有云：「只要工夫深，鐵杵磨成針。」有人曾說，在香港，李嘉誠也許是走路步伐最快的人，直至今日，李嘉誠依然健步如飛，很多年輕人都趕不上他。這句話讓人動容。李嘉誠自己也說，他的手錶永遠比別人調快10分鐘。守勤的「守」字，永遠是那麼讓人尊敬。

守勤是李嘉誠的重要人生準則，也是他成功的經驗之一。如今李嘉誠雖然已進入老年行列，但依然精神矍鑠，每天都要到辦公室中工作，從來不曾有半點懈怠。據李嘉誠身邊的工作人員稱，他對自己業務的每一項細節都非常熟悉，這不能不說是其守勤的最好明證。

在人世間，似乎絕大多數東西都可以透過不正當的管道而獲得，財產、權力、機遇等等，甚至可以透過極卑鄙的手段得到。但是，唯有才能、知識、經驗……必須透過誠實和辛勤的勞動而獲得。因此，一切要成才的人，都必須面對一個重大而嚴肅的問題，那就是準備艱苦奮鬥十年、二十年、三十年，甚至奮鬥一生。同時，還要和自己本身的各種弱點進行艱苦的鬥爭。尤其是懶惰。不這樣，就很難成功。

古語云：業精於勤而荒於嬉，學業如此，事業亦如此，成大事者必須勤。李嘉誠曾因電影《阿甘正傳》而潸然淚下。阿甘在那樣一個懵懂的世界裡生活，卻依然為此奮鬥，勤於做任何事情。他從未懶惰。

中國著名數學家華羅庚說：「勤能補拙是良訓，一分辛勞一分才。」所有成功者的足跡都灑滿了勤奮的汗水。無論多麼聰明的人，倘若沒有辛勤的耕耘，一切都是空談。想成名，又不想經過勤奮、經過艱苦奮鬥，那不是晴天白日夢嗎？

愛因斯坦說：「在天賦和勤奮兩者之間，我毫不遲疑地選擇勤奮，她幾乎是世界上一切成就的催生婆。」

馬克思認為，在科學上是沒有平坦的大路可走的，只有那在崎嶇的小路上攀登、不畏勞苦的人，才有希望達到光輝的頂點。

居里夫人說：「在捷徑道路上得到的東西絕不會驚人。當你在經驗和訣竅中碰得頭破血流的時候，你會知道：在成名的道路上，流的不僅是汗水，更多的是心血；他們的名字不是用筆而是用生命寫成的。」

郭沫若說：「形成天才的決定因素應當是勤奮。」

卓越的英國物理學家和化學家、近代電磁學的奠基人法拉第，家境貧苦，沒有進過什麼高等學府，但是他以頑強的精神，勤奮自學，終建偉業。他有多項科學發現，其中重要的一項，他用了整整十年的時間，克服了很多困難，經歷了無數次失敗，終於發現了電磁感應現象。這一發現具有劃時代的意義。

偉大的發明家愛迪生，小時候由於患猩紅熱病，到八歲半才上學念書。但是，他被老師斥為「糊塗蟲」，僅僅三個月，就退學了。後來，愛迪生頑強地自學，開始工作後，一邊工作，一邊學習和做實驗。經過長期頑強地奮鬥，他終於成才，成為人類歷史上最偉大的發明家。至今，在技術發明上，還沒有人超過他。

要想做一名成功的商人，有一個精明的頭腦還遠遠不夠，2003年10月，李嘉誠在接受香港一家媒體記者採訪時說道：「我的成功是有一個過程的，從最初的起點來看，止惰和守勤是我的信條。」

李嘉誠曾被香港電臺評為「風雲人物」，當時他很謙虛地說是「時勢造英雄」。17年後當他終於塵埃落定，再次被香港電臺採訪之時，他坦白說：「最初創業的時候，幾乎百分之百不靠運氣，是靠勤奮，靠辛苦，靠努力工作而賺錢。」

1987年3月30日晚，人們期盼已久的第59屆奧斯卡金像獎的頒獎儀式正在熱烈舉行。當主持人宣佈瑪莉・麥特琳在《悲憐上帝的女兒》中表演出色，獲得最佳女主角，全場立刻爆發出雷鳴般經久不息的掌聲。手裡拿著小金人的瑪莉・麥特琳激動不已。她似乎有很多很多話要說，可是人們沒有看到她的嘴動，她把手舉了起來，打的是手語！

瑪莉・麥特琳出生時是一個正常的孩子，但出生18個月後，她在一次高燒中失去了聽力和說話的能力。但是，她並沒有被生活的磨難打倒，依舊對生活充滿了熱情。

八歲，她加入了伊利諾州的聾啞兒童劇院。九歲，就在《盎斯魔術師》中扮演桃樂西。但十六歲那年，瑪莉被迫離開了兒童劇院。瑪莉・麥特琳並沒有放棄，而是在被邀請用手語表演一些聾啞角色中努力鍛鍊自己，提高演技。1985年，十九歲的瑪莉參加了舞臺劇《悲憐上帝的女兒》的演出。她飾演的是一個次要角色，但就是這次演出，使瑪莉走上了大銀幕。

女導演蘭達‧海恩絲在看過《悲憐上帝的女兒》之後，決定將其拍成電影。但她幾經周折都沒有發現合適的演員，於是她又回到了美國，觀看了舞臺劇《悲憐上帝的女兒》的錄影。她發現了瑪莉演技高超，立即決定起用瑪莉擔任影片的女主角，飾演莎拉。

瑪莉扮演的莎拉，在全片中沒有一句臺詞，全靠極富特色的眼神、表情和動作，揭示主角矛盾複雜的內心世界——自卑和不屈、喜悅和沮喪、孤獨和多情、消沉和奮鬥。瑪莉十分珍惜這次機會，她勤奮、嚴謹、認真地對待每一個鏡頭，用心去做每一個動作，因此表演得維妙維肖，讓人拍案叫絕。就這樣，瑪莉‧麥特琳實現了人生的飛躍，成為美國電影史上第一位聾啞影后。

其實，命運對待任何人都一樣公平。只要不斷地努力，每個人都可以品嘗到成功的果實。一個依靠勤奮獲得成功的鬥士，在她身上所顯示出的堅韌是那麼超脫，不同尋常。所以，上帝把小金人頒給了這個美麗的女人。

李嘉誠的止懶守勤的確成為其成功的信條。不僅他的事業如魚得水，就連其子也同樣如此。李澤鉅工作非常努力，每天經常工作10多個小時。他說：「壓力來自自己。我喜歡接受挑戰，我永遠不會讓自己停下來！」李澤楷對其工作也十分投入和勤勉，並獲得了「小超人」的榮耀稱號。

由此可見，止懶是人們對於人心弱點的排除，而守勤則是對於可望成功的堅持。堅守這一信條，成功就在不遠處。

珍惜時間，時刻充電

時間平凡而常見，從早到晚都在一分一秒地運行，無聲無息。但時間又是寶貴非常，因為古人「惜時如金」。一個年輕人若要學習或許能夠輕易得到，但更多的人卻是被囿於各種俗事而脫不開身。是真的沒有時間嗎？李嘉誠告訴我們，時刻充電是可以做到的。

在李嘉誠眼裡，有一個著名的公式，「時間＋複利＝財富」。我們可以這樣算一下，如果一個二十五歲的年輕人每年用1.4萬元投資一項年利潤20％的項目，經過40年，他得到的應該是1028萬元。如果能把時間分成幾塊，似乎利潤就多到難以計算了。但似乎很多人都不想這麼計算時間，從而這麼珍惜時間。而是做很多事情，做很多無用功。正所謂「一寸光陰一寸金，寸金難買寸光陰」，如果你將失去的時間用金錢計算，確實意味著失去的時間就是金錢。

李嘉誠的惜時如金是人所共知的。很多時候，整間公司的人都下了班，唯獨李嘉誠留在自己的辦公室中研究生意，制定決策。他的工作時間比公司內任何員工都多。也正是因此，李嘉誠才練就了一種出色的記憶力，甚至可說出龐大數字的精確數。

朱自清的散文《匆匆》裡這樣寫道：「洗手的時候，日子從水盆裡過去；吃飯的時候，日子從飯碗裡過去；默默時，便從凝然的雙眼前過去。我覺察它去得匆匆了，伸出手遮挽時，它又從遮挽著的手邊過去；天黑時，我躺在床上，它便伶伶俐俐地從我身上跨過，從我的腳邊飛去了。等我睜開眼和太陽再見，這又算溜走了一日。我掩著面嘆息。但是新來的日子的影兒，又開始在嘆息裡閃過了。」

對此愛迪生也有著深刻的體會，他說：「人生太短暫了，太短暫了，要節省時間，多做事情啊！」

有一次，愛迪生要助手去買實驗用的容器。這位助手深知愛迪生的習慣，工作的時候不能有絲毫的懈怠。於是，他馬不停蹄地跑到外面買回來，還是被愛迪生狠狠地訓了一頓。愛迪生大聲地問他的助手：「為何這麼久才回來，為什麼不能再快一點呢？」

愛迪生的成功跟與生俱來的天賦有關，更與他數十年如一日地待在實驗室工作的忘我精神有關。正是因為愛迪生對時間的「吝嗇」讓他在一生中發明了兩千多件東西，並成就自己非凡的一生，進入世界著名科學家的殿堂。

每一個成功者都非常珍惜自己的時間。無論是老闆還是一般職員，一個做事有計畫的人總是能判斷自己面對的顧客在生意上的價值，如果有很多不必要的廢話，他們都會想出一個收場的辦法。同時，他們也絕對不會在別人的上班時間，去海闊天空地談些與工作無關的話，因為這樣做實際上是在妨礙別人的工作，浪費別人的生命。

在美國近代企業界裡，與人接洽生意能以最少時間產生最大效率的人，非金融大王摩根莫屬。為了珍惜時間，他招致了許多怨恨。

摩根每天上午9點30分準時進入辦公室，下午5點回家。有人對摩根的資本進行了計算後說，他每分鐘的收入是20美元，但摩根說好像不止這些。所以，除了與生意上有特別關係的人商談外，他與人談話絕不超過5分鐘。

通常，摩根總是在一間很大的辦公室裡，與許多員工一起工作，他不是一個人待在房間裡工作。摩根會隨時指揮他手下的員工，讓大家按照他的計畫去行事。員工走進他那間大辦公室，是很容易見到他的，但如果沒有重要的事情，他是絕對不會歡迎任何人的。

摩根能夠輕易地判斷出一個人來接洽的到底是什麼事。與他談話時，一切拐彎抹角的方法都會失去效力，他能夠立刻判斷出來人的真實意圖。這種卓越的判斷力使摩根節省了許多寶貴的時間。有些人本來就沒有什麼重要事情需要接洽，只是想找個人來聊天，而耗費了工作繁忙的人許多重要的時間。摩根對這種人簡直是恨之入骨。

從摩根的事例中，我們可以悟出一個道理：節約時間實際上是在為自己賺錢。

沒有什麼比時間重要，也沒有什麼比守時更能節省你自己和他人的時間。能否對時間進行有效的管理，直接關係到成就的大小。一位作家在談到「浪費生命」時說：「如果一個人不爭分奪秒、惜時如金，那麼他就沒有奉行節約的生活原則，也就不會獲得巨大的成功。而任何偉大的人都是爭分奪秒、惜時如金的。」

所以，假如你想成功，就必須認清時間的價值，珍惜時間，利用眼前點點滴滴時間進行充電。以勤為徑我們才能獲得成功。

勤奮敬業，功到自然成

自古以來，人們都推崇努力。然而真正的成功境界卻可以用五個字來形容，「功到自然成」。不是不用努力，而是將用功當作了一種吃飯和睡覺，從而獲得一種持續累積的量變後的質變。

王國維曾引用三句古詞來形容成大學問人的三種境界。

第一種境界是「昨夜西風凋碧樹，獨上高樓，望盡天涯路」；

第二種境界是「衣帶漸寬終不悔，為伊消得人憔悴」；

第三種境界是「眾裡尋他千百度，驀然回首，那人卻在燈火闌珊處」。

歸納來講就是：第一境界為求學與立志之境，此為「知」之大境界。第二境界為「行」之境界，為實現遠大理想而堅忍不拔。第三境界為「得」之境界，功到自然成。只要你努力了，只要你選擇了，只要你功課做足了，功到怎麼能不自然成呢？

李嘉誠曾說他自己是在「披星戴月去，萬家燈火歸」才走到了立足腳步的地步。他最初做推銷員時是把勤奮當成一種習慣的，勤於跑路，勤於思考，所以在思考充分用功到位後獲得了成功。

李嘉誠在開始獨立創業時也把勤奮當成一種習慣，每天早早地起床外出推銷或採購。等趕到辦事地點時，別人剛好上班。辦完事後，李嘉誠又匆匆忙忙趕回工廠，先檢查工人上午的工作。他還手把手地教工人如何做出產品。李嘉誠從不把自己當作高高在上的老闆，而是一個全能技工。他不但是操作工，還是技師、設計師、推銷員、採購員、會計師、出納員等等。就是在這樣的一步步如習慣般奔波勞碌中，李嘉誠的工廠穩健地辦了起來。

由此可見，「勤奮敬業」對一個初創的企業產生了不可估量的作用。中國工商銀行董事長姜建清曾發表過獲獎感言，他說：希望透過我們服務的改革、改進，能真正使客戶感受到工商銀行是您身邊的銀行、可信賴的銀行。我想只要我們認真，我們會做到這一切，功到自然成。

一個屢屢失意的年輕人覺得在公司裡很不得志，部門主管並沒有給他重要的崗位去鍛鍊，也沒有提拔他的跡象……於是他決定外出尋求指點。他千里迢迢來到普濟寺，慕名尋到老僧釋圓，沮喪地對釋圓說：「人生總不如意，活著也是苟且，有什麼意思呢？」

釋圓靜靜地聽著年輕人的嘆息和絮叨，末了才吩咐小和尚說：「施主遠道而來，燒一壺溫水送過來。」

不一會兒，小和尚送來了一壺溫水。釋圓抓了茶葉放進杯子，然後用溫水沏了，放在茶几上，微笑著請年輕人喝茶。杯子冒出微微的水汽，茶葉靜靜浮著。年輕人不解地詢問：「寶剎怎麼用溫水沏茶？」

釋圓笑而不語。年輕人喝一口細品，不由得搖搖頭：「一點茶香都沒有呢。」

釋圓說：「這可是閩地名茶鐵觀音啊。」

年輕人又端起杯子品嘗，然後肯定地說：「真的沒有一絲茶香。」

釋圓又吩咐小和尚：「再去燒一壺沸水送過來。」

又過了一會兒，小和尚提著一壺冒著濃濃白汽的沸水進來。釋圓起身，又取過一個杯子，放茶葉，倒沸水，再放在茶几上。

年輕人俯首看去，茶葉在杯子裡上下沉浮，絲絲清香不絕如縷，望而生津。年輕人欲端杯，釋圓作勢擋開，又提起水壺注入一線沸水。茶葉翻騰得更厲害了，一縷更醇厚、更醉人的茶香嫋嫋升騰，在禪房瀰漫開來。釋圓這樣注了五次水，杯子終於滿了，那綠綠的一杯茶水，端在手上清香撲鼻，入口沁人心脾。

釋圓笑著問：「施主可知道，同是鐵觀音，為什麼茶味迥異嗎？」

年輕人思忖著說：「一杯用溫水，一杯用沸水，沖沏的水不同。」

釋圓點頭：「用水不同，則茶葉的沉浮就不一樣。溫水沏茶，茶葉輕浮水上，怎會散發清香？沸水沏茶，反覆幾次，茶葉沉沉浮浮，釋放出四季的風韻，既有春的幽靜、夏的熾熱，又有秋的豐盈和冬的清冽。世間芸芸眾生，也和沏茶是同一個道理，也就相當於沏茶的水溫不夠，想要沏出散發誘人香味的茶水是不可能的；你自己的能力不足，要想處處得力、事事順心自然很難。要想擺脫失意，最有效的方法就是苦練內功，提高自己的能力。」

年輕人茅塞頓開，回去後刻苦學習，虛心向人求教，不久就受到了部門主管的重視。

水溫夠了茶自然香，功夫到了自然成。

歷史上凡是有所建樹的人，往往都是很勤奮、很努力的人。任何一項成就的取得，都是與勤奮和努力分不開的，只要功夫做到家，自然能獲得成功。

21世紀，是充滿挑戰的世紀，歷練自己，將勤奮當作一種習慣，你就會把別人遠遠扔在後面。無論是作為領導人、管理者，還是作為工作者，都要做到時刻努力，貴在堅持。形成一種好習慣，數十年如一日便能滴水穿石，功到自然成。

幸運成功一時，努力成就一世

人之於運氣與努力雖然沒有必然的聯繫，但對人的影響卻是直接的、重要的。努力是人對事業的態度和在這種態度的支配下，付出功力的大小。按詞典的解釋，就是把自己的力量盡量地使出來。它是由人的主觀能動性決定的，是人的主觀意志的反映。運氣則是客觀的、出乎意料的，是指人的命運和人們對命運的看法。從某種程度上說，努力是自我挑戰的過程，運氣是客觀事物形成的結果。大量的事實說明，一個人的事業成敗，關鍵在於他是否努力。而運氣，則很多時候只是錦上添花，並非一世應倚仗之物。

時至今日，提起「超人」，無人不知指的是誰。有人寫對聯稱「高人高手高招，超人超智超福」。與此同時，不少人在承認李嘉誠「高人之術，超人之智」的同時，莫不羨慕他的幸運。

鴻碩先生在《巨富與世家》一書中提到：「1979年10月29日的《時代週刊》說李氏是『天之驕子』，這含有說李氏有今天的成就多蒙幸運之神眷顧的意思。英國人也有句話：『一安士（盎司）的幸運勝過一磅的智慧。』從李氏的體驗，究竟幸運（或機會）與智慧（及眼光）對一個人的成就孰輕孰重呢？」

不只鴻碩，還有其他人做過細緻的估算，李嘉誠幸運，他經營塑膠花時，無人擔保，就可獲得大客戶的全額訂金；他將長江上市，適逢股市牛市大好時機；他得到地鐵公司主席唐信的垂青，獲得車站上蓋的發展權；1980年，他被委任為匯豐銀行董事，成為繼包氏之後的第二位華人董事；與匯豐合夥重建華人行；收購和黃……

那麼李嘉誠的確是靠運氣起家和成功的嗎？李嘉誠說過一句既經典又懇切的話，「在二十歲前，事業上的成果百分之百靠雙手勤勞換來；二十到三十歲之間，事業已有些小基礎，那10年的成功，10％靠運氣好，90％仍是由勤力得來；之後，機會的比例也漸漸提高；到現在，運氣已差不多要佔3～4成了。」

也許會有很多人覺得自己很委屈，李嘉誠有三四成的運氣，為什麼自己什麼也沒有呢？但李嘉誠解釋說：「對成功的看法，一般中國人多會自謙那是幸運，絕少有人說那是由勤奮及有計劃地工作得來。我覺得成功有三個階段：第一個階段完全是靠勤力工作，不斷奮力而得成果；第二個階段，雖然有少許幸運存在，但也不會很多；現在呢？當然也要靠運氣，但如果沒有個人條件，運氣來了也會跑去的。」

李嘉誠說得直白，因為有基礎。而且即便是有幾處，靠勤奮換來的成就依然佔著六七成。這很明白地告訴我們，靠幸運或許會成功，但並不能真正永勝無敵，只有努力與勤奮方能成就一世之基。

李嘉誠炒股一個多月家產蒸發55億，對他來說，也許不足為奇，但對於普通百姓來說，就是一個天文數字。所以，只有正確認知、理性把握努力和運氣與事業成功的關係，才是贏得瀟灑人生、事業成功的保證。

在李嘉誠剛開始經營塑膠花的時候，一天，一位美國人突然找到他，說經某貿易公司的負責人推薦，認為長江廠是全香港最大規模的塑膠花廠，這令他一時語塞，因為當時他的廠房並不太大。這種幸運是天上掉餡餅嗎？經過仔細詢問李嘉誠才發現，這是因為之前有一家退自己貨的貿易公司因為自己沒讓對方賠償，對方感激，遂主動為他推廣的原因。雙方很愉快地做成了這筆交易。

由此我們明白，幸運也是要有努力做後盾的，不然就算來了自己也難以把握。

在人們的心目中，李嘉誠成了幸運與財富的象徵，成了「火眼金睛」的神一般的人物，似乎只要他想要做的事就會成功。美國《時代》雜誌因此早在1979年即稱他為「天之驕子」。但其實，幸運只能說是努力得來的結果，是實力通向成功的捷徑。愛因斯坦曾經說過：「天才等於百分之九十九的汗水加百分之一的靈感。」這句話放在李嘉誠身上似乎再恰當不過了。

一分耕耘，一分收穫

努力是取得事業成功的重要方法。俗話說，一分耕耘，一分收穫。事業就像耕種一樣，你在事業的田地耕耘了多少，付出了多少，它回報你的就有多少，甚至會更多。相反，如果一個人在事業上庸庸碌碌，無所作為，那麼，天上不會掉餡餅，事業的成功就會與你擦肩而過。因此，在實際生活和工作中，我們只有不斷努力，事業才有成功的希望。

李嘉誠說：「我認為勤奮是個人成功的要素，所謂『一分耕耘，一分收穫』，一個人所獲得的報酬和成果，與他所付出的努力是有極大的關係。運氣只是一個小因素，個人的努力才是創造事業的最基本條件。」

甘·史圖爾特白天進行建築工作，每天都做得很晚，甚至整個週末都加班，務求他的事業可以蓬勃發展。布萊恩·布洛辛仍在巴爾的摩小馬隊打球時，一星期便花兩晚在大學修會計學位，同時建立他的事業。羅恩和托比·赫爾用他們的積蓄，買了25卷「安麗」錄音帶，送給他們的朋友。艾爾·漢彌爾頓初次陳述時十分緊張，剛開始猛吃螺絲。對福特而言，公開演講是要老命的事，他演講時會害羞、恐懼，但畢竟會把它完成。

在日本廣島，修治和花本知子想從套牢他們的「小而昂貴的籠子」中逃出，「自由自在地在廣袤蔚藍的天空飛翔」。他們必須放棄全部津貼，包括固定的收入、公司在沖繩島的潛水旅行、利益和紅利等，來開始他們自己的事業。更糟的是，當修治的父親知道他加入安麗的行列後，他表現出舊式日本人的憤怒與失望：「不准踏入家門。」沒比違逆父母的事犧牲更大的了，但他為了夢想，甘願付出如此代價。

他倆認真工作，成就也如日中天，如今他們收入穩定，不用花太多時間工作，可以更享受人生。值得一提的是，修治邀請他的父親參加廣島大會，有2000人起立恭賀修治和知子領獎。當晚，修治的父親坐在最前排，不時對兒子微笑，並且讚美他們。

「一分耕耘，一分收穫」，也就是說耕耘與收穫是成正比的。要想比別人取得更多的成就，唯一的方法就是比別人多做一點。

德尼斯最早開始在杜蘭特的公司工作時，只是一個很普通的職員，但現在他卻成為了杜蘭特先生最得力的助手，成為一家分公司的總裁。他如此快速地得到升遷就是因為他總是設法使自己多做一點工作。

「我剛來杜蘭特公司工作時，我發現，每天大家都已下班後，杜蘭特依舊會留在公司工作到很晚，於是我決定自己也留在公司裡。是的，誰也沒有要求我這樣做，但我覺得我應該留下來，在杜蘭特先生需要時給他提供幫助。」

「杜蘭特先生在工作時經常找文件和列印資料，最開始他都是親自做這些工作。後來他發現我時刻在等待他的吩咐，於是他讓我代替他去做這些工作……」

杜蘭特之所以主動讓德尼斯為他工作，就是因為德尼斯比別人多留在辦公室一會兒，使杜蘭特隨時可以見到他。儘管德尼斯並沒有多獲得一分錢的報酬，但他獲得了更多的機會，讓老闆認識了他的能力，從而也為自己的晉升創造了條件。

其實每天多做一點點，初衷也許並非為了獲得更多的報酬，而結果往往獲得的更多。就像李嘉誠所說，自己的努力是最終成就我們的最基本條件。我們要想超過別人，就一定要有「多走幾步路」的習慣！

第六章　終生學習

——學海永無涯，知識改變命運

李嘉誠如是說：

◆我們生活於瞬息萬變的年代，對一些曾經深信不疑的事物，需要恆常做出靈活的反思，令我們的認知能夠與時並進。

◆「我從不間斷讀新科技、新知識的書籍，不致因為不瞭解新訊息而和時代潮流脫節。」

◆有知識才有競爭力，知識是新時代的資本，過去靠勤勞可以成事；今天的香港要搶知識，要以知識取勝。

◆我大膽地講句話，在某些場合遇到些很重要、地位很高的人物，我從不會搶著佔個位置，跟他們拍照，但有些人有學問值得我去學習，能跟他拍照，我會很高興。

◆我認為一個人憑自己的經驗得出的結論當然是好，但是時間就浪費得多了，如果能夠將書本知識和實際工作結合起來，那才是最好的。

搶知識就是搶未來

作為香港人中成功的典範，李嘉誠具有敏銳的洞察力和準確的判斷力，正是因此，李嘉誠一次次抓住了轉瞬即逝的機遇，從此翻身，終於成就了一番大事業。我們都知道，這些能力並非與生俱來，那麼這一切又是如何形成的呢？對於這個問題，李嘉誠創造了一個名詞「搶學問」——「人家求學，我是在搶學問。」正是這個詞反映了作為他幾十年來不屈不撓追求知識、創造財富的艱辛歷程。

他曾這樣說明搶知識的重要性：「求知是最重要的環節，不管工作多忙，我都堅持學習。白天工作再累，臨睡前，我都要翻閱經濟類雜誌，我從中汲取了大量的知識和資訊，我的判斷力由此而來。」判斷力由此而來，則未來的成就即由此而來。

在現代社會，知識不僅能轉化成財富，而且它本身就是一種財富。擁有它的人會成為大富翁——這既是物質上的，更是精神上的。

財富堆積的背後，少不了汗水的匯聚。李嘉誠的勤奮，突出地表現在學習上。十四歲那年，他歷經了常人少有的坎坷：家道中落、漂泊異鄉、少年失學、父親過世。本來漂泊異鄉、寄人籬下的打工生活已經非常苦了，但他依然堅持不懈地學習。

李嘉誠說：「別人是自學，我是『搶學』，搶時間自學。一本舊《辭海》，一本老版的教科書，自己自修。」他對自己要求很嚴格，除了《三國志》與《水滸傳》，不看小說，不看休閒讀物。在昏黃的燈光下，他摸索教學，演繹做題的邏輯，尋找每個篇章的關鍵字句，類比師生對話，自問自答。沒有學歷、人脈、資金，想出人頭地，自學是他唯一的出路。

李嘉誠認為，善於「搶學問」，就是在搶財富，搶未來。

常常聽見有人說這樣一番話：「說知識改變命運，其實僅靠知識是難以改變命運的。一個富翁和一個窮人的收入可以相差成千上萬倍，難道他們的知識也相差成千上萬倍嗎？何況好多自詡才高八斗、學富五車的人不照樣窮困潦倒嗎？」

但李嘉誠說：「先父去世時，我不到十五歲，面對嚴酷的現實，我不得不去工作，忍痛中止學業。那時我太想讀書了，但家裡是那樣的窮，我只能買舊書自學。我的小智慧是環境逼出來的。我花一點點錢，就可買來半新的舊教材，學完了又賣給舊書店，再買新的舊教材。就這樣，我既學到知識，又省了錢，一舉兩得。」只要有志在此，你就能一步步走向成功。

經過數年辛勤打工和努力創業，李嘉誠終於鬆了一口氣，既養活了家，也不再需要像當初那樣勤奮用功。但是，他仍然沒有放鬆學習。他訂閱了《當代塑膠》等英文塑膠專業雜誌，抓緊分秒時間補充知識，不讓自己與世界塑膠潮流脫節。李嘉誠說：「年輕時我表面謙虛，其實內心很驕傲。因為同事們去玩的時候，我去求學問；他們每天保持原狀，而我自己的學問日漸提高。」

很快的，李嘉誠的知識便派上了用場。像未來的昭示一般，李嘉誠發現了海外美輪美奐的塑膠花。於是，他搶先一步踏上了飛機，奔向了那個生產塑膠花的國度；搶先一步取經，帶回了塑膠花的核心技術，搶先研製出了塑膠花；搶先一步把塑膠花推向市場，佔領了市場。於是，李嘉誠贏得了未來發達的第一個基礎。

當今社會，就是應聘，也會被知識、學歷這一關卡著，所以，搶知識才能搶到未來。

紐約的一家公司被一家法國公司兼併了，在兼併合同簽訂的當天，公司新的總裁就宣佈：「我們不會隨意裁員，但如果你的法語太差，導致無法和其他員工交流，那麼，我們不得不請你離開。這個週末我們將進行一次法語考試，只有考試及格的人才能繼續在這裡工作。」

散會後，幾乎所有人都湧向了圖書館，他們這時才意識到要趕快惡補法語了。只有一位員工像平常一樣直接回家了，同事們都認為他已經準備放棄這份工作了。令所有人都想不到的是，當考試結果出來後，這個在大家眼中肯定是沒有希望的人卻考了最高分。

成功從來離不開知識的作用。一個人如果能每天進步一點點，哪怕是1%的進步，試想，有什麼能阻擋得住他最終的成功？故事中離開的員工，並不是他不熱衷於學習，而是實際上他每天都在學習，所以當所有人湧進圖書館惡補的時候，他卻獨自回家，因為他知道學習是終身的事，是每天都要做到的事，而他也一直是這樣做的。所以最終是他得到了最高分。

知識確有強大的功能，它能改造世界，能造就人自身。它能增強人的智慧、能力，充實人的精神世界。它能化為強大的物質力量，也能改變人，使人更加完美。

英國哲學家培根曾說過「知識就是力量」，「知識能塑造人的性格。人的天性就如野生的花草，求知學習好比修剪移栽。」所以，一個人如果想充分發揮自己的能力，改變自己的命運，首先應該開發自己的學習能力，潛心求知。

中央電視臺曾利用黃金時段推出過「知識改變命運」系列公益廣告，用攝影師顧長衛的話說，就是要把「知識就是力量」這樣一個抽象理念變成有血有肉的現實。這一系列公益廣告是誰贊助的呢？答案很簡單——李嘉誠。他認為，民族富強人才為最重要因素，而知識更是推進經濟、社會、文化建設的最大動力。

李嘉誠曾語重心長的諄諄告誡人們：「知識改變命運。」他以自己一生的經歷告訴人們，「今天的商場要以知識取勝」。這都是李嘉誠積幾十年從商歷程的肺腑之言和經驗之談。

談到參與這套公益廣告的構思，李嘉誠說：「這是一個創新的嘗試，希望以媒體的感染力，將『知識改變命運』的主題廣泛傳播。這套公益廣告中的人物，有的舉國聞名，有的是窮鄉僻壤的無名英雄，把他們的奮鬥，活靈活現地展現出來，讓故事深入人心，幫助人們建立崇尚知識、尊重知識的觀念。」

據李嘉誠基金會表示，這一系列公益廣告由1998年4月開始構思，拍攝非常認真，每一集都以膠片拍攝近50分鐘，再經剪輯為一分鐘一集，成本相當高昂。由此可見，李嘉誠對於這次宣傳有多麼重視。

後來，李嘉誠演講集的書名也叫《知識改變命運》，不知是不是一種重合呢？《論讀書》一書的作者培根說：「讀史使人明智，讀詩使人聰慧，演算使人精密，哲理使人深刻，倫理使人有修養，邏輯修辭使人善辯。」

十九歲背上行李離開山西陽泉到夢想中的北大讀書，二十三歲遠渡重洋赴美國布法羅紐約州立大學主攻電腦，三十一歲創建中國最大的搜索引擎公司——百度網路技術有限公司，知識改變了命運！三十五歲的百度公司創始人、CEO李彥宏坐在北京中關村的海泰大廈會議室，望著北京四環繁華地段，想起這些年的寒窗苦讀，感嘆不已。

正如國際經合組織在關於知識經濟的報告中所指出的那樣：「在知識經濟中，學習是極為重要的，可以決定個人、企業乃至國家的經濟命運。」

有記者問李嘉誠：「今天你擁有如此巨大的商業王國，靠的是什麼？」李嘉誠回答：「依靠知識。」正如李嘉誠自己所說：「我們身處瞬息萬變的社會中，全球邁向一體化，科技不斷創新，先進的資訊系統製造新的財富、新的經濟週期、生活及社會。我們必須掌握這些轉變，應該求知、求創新，加強能力在穩健的基礎上力求發展，居安思危。無論發展得多好，你時刻都要做好準備。財富源自知識，知識才是個人最寶貴的資產。」

除了嚴格要求自己，李嘉誠對孩子也絲毫不嬌縱。中國有句古話，叫「富不過三代」，李嘉誠非常注重這一點，他對兒子絕不嬌慣，而是努力培養他們吃苦、拚搏的精神。在兩個兒子都很小的時候，李嘉誠就要求他們列席旁聽董事會。他說：「帶他們到公司開會，目的不是教他們做生意，而是教他們明白做生意不是簡單的事情，要花很多心血，開很多會議，才能成事。」

李嘉誠說：「他們年齡小還不懂事，但是我想早一點對他們進行啟蒙教育，讓他們從小就知道父輩創業的艱難，學習父輩頑強拚搏的精神，長大了才能成為棟樑之才。如果現在放鬆了對他們的早期教育，等他們成了只知道吃喝玩樂的紈綺子弟，再教育就遲了。」

閱讀要有針對性：追求最新的知識

在李嘉誠的訪談裡，我們常常能發現，他曾數次談到知識的重要性。因為數年的經驗告訴李嘉誠，沒有知識，很難做成大事業。直到老年，李嘉誠自學不輟的習慣依然沒有絲毫改變。他說：「非專業書籍，我抓重點看。如果跟我公司的專業有關，就算再難看，我也會把它看完。」

也因此，李嘉誠對自己有著充足的自信。在回憶過去時他這樣說：「年輕時我表面謙虛，其實內心很『驕傲』。為什麼驕傲？因為我在孜孜不倦地追求著新的東西，每天都在進步。」

當李嘉誠離開家鄉來到香港時，他選擇了努力學習廣東話和英語。因為這能使他盡快融入新環境；當李嘉誠決定開辦自己的廠子時，他選擇了自己非常熟悉的塑膠業，並且努力閱讀與塑膠有關的報紙雜誌。因為他不想碌碌無為的一直處於一種狀態……李嘉誠正是在這一次次的針對性閱讀、學習中，獲得了前進的動力。

他認為，今天的社會已容不下濫竽充數的人，而知識就是人最核心的價值。「現代大學生需要知識面廣，不斷求取新的知識，做『有識』之士。」新知識是什麼，是要找自己所關注行業的前沿資訊。他舉例道：有一次開會，「講到*Facebook*從最初的幾家大學開始，有人說*2011*年還是*2012*年才達到*4800*萬名用戶，其實這公司上個月已達*4500*萬活躍用戶，但是如果你沒有這個資訊的話，要分析

facebook，你的資料就不足夠。」「所以呢，做哪一行都是，最要緊的就是要追求最新的資訊，做哪行都是一樣。」

假如李彥宏沒有成立百度，也許今天他還在美國繼續做著他喜歡的電腦研究工作；假如他當初賣掉了百度，今天也不可能看到百度成長為中國市佔率第一的搜索引擎公司；假如李彥宏沒有看到網友的需求這一當前最新資訊，他也未必能與Google相抗衡。

2002年3月，北京正是春寒料峭的時節。李彥宏匆匆趕回了國親自掛帥坐鎮指揮以雷鳴為首的「閃電計畫」。他的目標很明確，要讓百度在搜索引擎技術上全面與Google抗衡，部分指標還要領先Google。

雷鳴的「閃電小組」很快就行動起來。李彥宏給他們下達了具體的指標，要求「閃電計畫」完成後，百度的日訪問頁面要比原來多10倍，日下載資料庫內容比Google多30%，頁面反應速度與Google一樣快，內容更新頻率要求全面超過Google。此項計畫的核心是想辦法提升在地域方面資訊搜索的能力，即加強地域性搜索。

在現實生活中，雖然資訊隨處可得，但往往我們找不到自己想要的。比如房子出租，這個資訊就跟地域有關係。但以往的搜索引擎跟地域沒有太多關係，結果跟線民的實際需求有很大的差距。這是成為「閃電計畫」要重點攻關的一個問題。

Google的研發能力在同行業中可是首屈一指的，對自己要戰勝這麼強大的對手心有餘悸。於是李彥宏不間斷的鼓勵，並在8月決定自己親自兼任組長，身先士卒帶領小組成員做研發。由於他在搜索引擎方面的技術積澱很深，加上長期以來關注當時世界的前沿技術。他的加盟，使「閃電計畫」的進展比原來大幅提高，到2002年12月，當舊樓下的那棵老槐樹掉下了最後一片葉子的時候，新樓裡的「閃電計畫」也終於宣告大功告成。一段緊張而忙碌的攻堅歲月終於有了成果。

他們的努力得到了回報，其結果是輝煌的。在百度，有人悄悄地刪掉了*Google*的鏈結，理直氣壯地用起了自己的百度。李彥宏高興地率領百度的市場隊伍，白天約見客戶，晚上拜見媒體，開始了推廣自己最新研發的「閃電」產品。他們要讓每一個網友知道，中國人自己的搜索引擎，不比*Google*遜色。

閱讀有針對性，才能在廣泛涉獵的同時保持機敏的商業嗅覺，同時又不脫離時代；追求最新的知識才能在他人忙於當時流行的賺錢方式之外，嗅出真正有潛力的行業以及真正有價值的資訊，從而先發制人。學無止境，學習才會成功。

沒有大學文憑也成大業

從小到大，人人都在念叨文憑。寒窗數十載，似乎最終卻成為了一張證明學歷的文紙。但是，李嘉誠告訴我們，社會是一個大舞臺，它需要的不是文憑，而是能在舞臺上展現自我的演員。李嘉誠十四歲輟學擇業，至今都沒有機會真正進過學校求學，但他學識之淵博、才智之卓絕，廣為人知。

他從清貧困苦的學徒少年到「塑膠花大王」，從地產大亨，從股市「巴菲特」，到商界的超人，從行業的至尊到現代高科技的急先鋒……李嘉誠一路走來，幾乎每每出手都能佔得先機，爭得巨大的財富，成為全球華人首富，廣為人知。

一句「知識改變命運」道出了人生的真諦。這不是由於他的運氣，而是源自他那犀利的眼光。而這眼光，正是在豐富知識與轉化為自我能量中成長成熟的。

很多人沒有大學文憑，卻能贏得人們的青睞，這在一定程度上也是成就了自己大業的第一步。

一位中國北方農村的中年婦女，因為女兒在美國，便申請去了美國；她只有讀完小學，連漢語表達都不太好。可就是這樣一位英語只會說「你好」、「再見」的中國農村婦女，也在申請綠卡，她的申報理由是有技術專長。美國移民官看了她的申請表後，問她：「你會什麼？」她回答說：「我會剪紙畫。」說著，她從包裡拿出一把剪刀，輕巧地在一張彩色亮紙上飛舞，不到3分鐘，就剪出栩栩如生的各種動物圖案。

美國移民官瞪大眼睛，像看變戲法似的看著這些美麗的剪紙畫，豎起拇指，連聲讚嘆。這時，她從包裡拿出一張報紙，說：「這是中國《農民日報》刊登的我的剪紙畫。」美國移民官一邊看，一邊連連點頭，說：「*OK*！」她就這麼過關了，旁邊和她一起申請而被拒絕的人又羨慕又嫉妒。

明智的人懂得什麼是最重要的，不是文憑，而是學識，而是能力。李嘉誠一生博覽群書，靠知識引導前行，敢於不斷嘗試新的未曾涉獵的領域，並屢有豐厚的斬獲。他的每一次戰略抉擇，既能適應產業、行業趨勢的變遷，又能夠推動社會的進步和發展。有學者評價李嘉誠說「他是躍進到現代化的永無止境的變動之中的人」，絕無虛言。

李嘉誠說：「一個人只有不斷填充新知識，才能適應日新月異的現代社會，不然你就會被那些擁有新知識的人所超越。」李嘉誠正是這樣奮力追逐著時代的腳步，在現代社會的激流中領跑急行。

他曾鼓勵年輕人努力學習，充實自己。「一定要有探索的好奇心，英語一定要好，才可以汲取新資訊，要聽取別人的經驗之談……我深信知識可以改變命運。」追求知識，搶時間學習，是李嘉誠數年來的奮鬥歷程。他常說：「一個人沒有金錢還可以乞討過活，但一個人大腦裡沒有文化知識，那和植物人、動物又有何區別呢？」

在這斑斕多彩、日新月異的時代，要培養能力、提高素質、挖掘內在的潛能，其中最主要的是我們的手中必須有自己的奮鬥目標，學無止境，從而讓他人看到我們的亮點，讓他人從心底真正認可我們，才能在激烈的社會競爭中立於不敗之地。隨著社會的進步，一個人的能力已經與成功掛上了夠，你的能力越強，你的成功可能就有了更多的保障。而能力的由來，正是不斷學習，不斷進步。

任正非（中國民營電信設備企業——華為公司的創始人兼總裁）曾經說過：我認為一個人文憑如何並不重要，一個人要努力提高自己的基礎知識和技能，這很重要。擁有學歷的人他們曾受到很好的基礎訓練，容易吸收新的技術與管理。但是有知識的人不一定有很好的技能。我們要以貢獻來評價薪酬。如果說這人很有學問，裡面裝了很多餃子，倒不出來，但倒不出來就等於實際上沒有餃子。企業不是按一個人的知識來確定收入，而是以他擁有的知識的貢獻度來確定的。

李嘉誠之所以能成功，正因為他時刻在學，時刻在累積經驗，並且運用於實際。即使在後來他逐漸走向成功之時，他也從未放棄學習各種知識，並運用各種知識，這才使得他在一次次的決策中，有獨到的眼光和見解，從而走在競爭對手前面，成就自己的一番大業。沒有文憑，照樣可以成大業。

做領袖，不做老闆

「我常常問我自己，你是想當團隊的老闆還是一個團隊的領袖？」這是李嘉誠的疑問。你有過嗎？

誰都知道，做老闆簡單得多，你的權力主要來自你的地位之便，這可能來自上天的緣分或憑仗你的努力和專業的知識。做領袖較為複雜，你的力量源自人性的魅力和號召力。有近何必求遠？但是李嘉誠的回答是，「領袖領導眾人，促動別人自覺甘心賣力；老闆只懂支配眾人，讓別人感到渺小。」所以李嘉誠願做領袖。

在商界裡，只有真正的領袖才能最終征服眾人。正是由於做領袖的獨特魅力，讓他們變得偉大，奪目，得人敬佩。或者簡言說，優秀的企業領袖會賦予企業以火的生命。

戴爾公司是全球第一大*PC*廠商，對於其創始人邁克爾・戴爾來說，他的事業做得這麼大，公司發展得這麼好，他還有必要努力提升和發展自己嗎？很多人肯定認為不需要。事實上，邁克爾的態度截然相反，他常常與全公司所有幹部一起，討論他在領導力方面存在的問題。他把自己的不足擺在檯面上，作為大家學習的負面案例。對戴爾公司的所有員工來說，他是當之無愧的學習榜樣。由於他的作用，傲慢自大的領導風格、「沒什麼需要提高的」之類的言論在戴爾公司沒有市場。

要保證企業生生不息，管理者要賦予企業生命，這不單是像時下流行的那樣，在介紹企業的*PPT*（即*Power Point*）上打上「使命」二字，或是說上兩句富含人文精神的語言，而應在日常經營中保持著企業的激情和活力。聰明的企業家都不會以老闆的角度命令人，而會以領袖的角度影響人。

企業的火車頭是經理室，經理室的火車頭是領袖。因此，一個好領袖如果能強勁有加並且讓其他人服從敬佩的話，那麼整個車廂將更加團結一致，火車將駛得更快。柳傳志認為，聯想做大需要幾個條件，首當其衝是要有能夠帶隊伍和能夠制定戰略的人才。否則聯想集團的戰略設計無法實現。他習慣以處理問題的方式和水準來判斷人才的可塑性，像要求他自己一樣，他首先要求自己的部下要有信譽，然後才是能力。

李嘉誠也是如此。李嘉誠手下最為平常的低階層員工提到李嘉誠時連連稱讚，言語之中充滿著敬佩。這就是領袖的魅力，而不是一個老闆的魅力。

善於靈活運用知識

有人說，人生實際上是在無知和求知之間的一場鬥爭。一旦一個人停止尋求知識和資訊，就會變得無知。因此，人們需要不停地與自己做鬥爭：是透過學習打開自己的心扉，還是封閉自己的頭腦。

學校是非常重要的地方。但如果沒有能力去求學也不要忘了自學。因為知識的奧妙就在於它是自己學，別人的教授只不過是個輔助問題罷了。李嘉誠認為，不論是學校學的知識，還是自學來的知識，最重要的是要自己靈活運用。事業之路應該是擁有企業而不是為企業工作。僅僅成績好，然後找個好工作的想法是陳舊的。李嘉誠永無止境的努力，正是為了自己的事業，而不是尋求一份好的推銷工作。

1996年，研究智力的一流權威之一美國的羅伯特·J·斯特恩伯格博士出版了《成功者的智力》一書。該書指出：分析能力與各種成功之間幾乎不存在內在的聯繫。斯特恩伯格博士發現，成功者的智力包括三個方面的內容，分析能力只是其中之一。此外還有創造能力和實踐能力，或實際經驗。

在成為百萬富翁的人當中，有許多並不是成績最優秀的A等生，但他們在學校裡的確學到了許多東西。那並不只是非常關鍵的基礎課，自我約束與堅韌頑強也是學校經歷中所學到的重要的東西。

很多人以為讀工商管理碩士（*MBA*）是做生意賺錢的捷徑，很多沒有大學文憑的經營者，也往往羨慕那些高學歷的人，他們總覺得高學歷等於財富，學歷高的人賺錢自然會很容易，財源也會滾滾而來。這其實是一個很大的誤解。

如果你沒有大學文憑，千萬不要洩氣，雖然說高學歷有助於你的事業成功，但真正的成功與高學歷之間並非完全是個等號。不要以為有高度的書本知識水準，便是成功的象徵，許多大學生因為高不成、低不就而最終一事無成，就是因為他們誤解了學問與成功的關係。

能夠踏上高等學府的臺階，只是代表你對課本知識的領悟能力比較高，僅此而已。至於在社會上能否取得成就，則是另外一回事。讀書成績好的人，未必能夠在商場上得心應手，特別是那些死讀書的「書呆子」，在商場上的成績，很可能跟在學校裡的成績截然相反。誰也不敢保證一個醫學碩士在商場上肯定會強過一個初中生，也沒有人能夠打包票，一個哲學博士可以在商場上賺個大滿貫。正如一個讀書不成的小夥子，不一定必然窮困潦倒一生一樣。假若學歷能夠為經營者帶來利潤，那麼大學的教授豈不統統都成了商場鉅子。

實際上，當今許多富可敵國的超級大亨，真正是高學歷屬於知識分子的並不是很多。全球聞名的「松下電器」創始人松下幸之助的人生經歷可說是非常坎坷的。

他出生時家境貧寒，剛上到小學四年級就不得不離開父母，來到大阪，開始了個人獨立生活的歷程。剛到大阪時，松下在一家小店當學徒；當今世界首富比爾・蓋茲，可謂當今尖端技術領域最叱吒風雲的人物，他的學歷也不高，充其量只能算是個大學肄業生吧，但他所取得的成就卻讓一個個博士望塵莫及。知識本身不是力量，知識的力量在於使用、在於創新、在於活學活用。

知識創新是真正強大的力量，只有知識不斷創新，才能使認識不斷深化，轉化為改造世界的力量。

對於經營者來說，從書本上獲得的知識固然重要，但是實地走訪廠商，向各地挨家挨戶推銷，可以獲得更實用更有益的經驗。因此，沒有好學歷不可怕，關鍵是自己不要看輕自己。因為一個人在學校裡所學的知識畢竟是有限的，有很多知識是在社會這個大課堂所學到的，而且許多真正管用的「生意經」也是不可能在書本裡學到的。

沒錢事小，沒知識事大

李嘉誠在榮膺世界華人首富以後，並沒有退休養老的打算，仍在不斷地學習，每天在他的辦公室裡工作。他是一位真正身體力行「活到老，學到老」的傑出企業家。他說：「在知識經濟的時代裡如果你有資金，但是缺乏知識，沒有最新的訊息，無論何種行業，你越拚搏，失敗的可能性越大，但是你有知識，沒有資金的話，小小的付出就能夠有回報，並且很可能達到成功。」

很明顯，這是由其實際經歷得來的。他見過很多人，都有資金，卻守著自己的小廠子，不關注前沿知識，只是拚命要求員工多為他賣命，即便是這麼苛刻，卻仍然收穫很好，直至因為一次意外瀕臨絕境，最終失敗。

他說：「不讀書，不掌握新知識，不提高自己的知識資產照樣可以靠吃『老本』瀟瀟灑灑過日子，是舊時代不少靠某種『機遇』發財致富的生意人的心態。如今已經不可取了。」也因此，他自己吸收了這些經驗，雖然在創辦長江廠之初他一無所有，但他卻能夠時刻學習新知識，尋求新資訊，努力拚搏，最終在塑膠業，在地產業穩住了腳跟。

不管一個人是多麼的才華橫溢、天資過人，如果其缺乏足夠的知識來對才華和天資進行有效的引導，那麼他還是無法有效地施展和運用自身的才華。

很多人都曾對學習有過懷疑，覺得是死教育，甚至為此而讓自己的後輩年紀小小就輟學打工。但是有一個事例卻可以很清楚地說明這個問題。

在中央二臺一個現場訪談節目裡，請來的幾位80後成功人士眾口一致地說，讀書是有用的。有一位甚至說，他就沒離開過學校，儘管他遇到天大的挫折，幾乎逼得要跳樓，但他爬上高樓，卻在那裡看起了書，書讓他產生了力量，他挺過了難關，如今成功了。他們的話不約而同地映照了李嘉誠對於知識的理解，我們不能不說，知識對於成功的重要性。

很多人不懂證券，跳進去大膽地操作，卻在1996年股市崩盤那次輸了精光。一夜之間從紙上富貴變成窮光蛋，想想人人都能理解其對未來的迷茫。其實，如今受教育程度低、知識少的人並未因為他們不夠聰明，不夠有錢而失敗，而是因為他們沒有摸透其中的真正關係。

為什麼有的人很早發財，而如今又窮了呢？為什麼有的人年輕時窮得叮噹響，如今卻又富得流油呢？

因為他們手中掌握的東西不同。錢仍是錢，知識卻能轉化成更為厲害的能量。如今知識就是知識，有著原子彈般的威力。「知識就是力量」，已經不再是口號。

第七章　推銷並完善自我

——要做強自己，實質在自我推銷

李嘉誠如是說：

◆只要勤奮，肯去求知，肯去創新，對自己節儉，對別人慷慨，對朋友講義氣，再加上自己的努力，遲早會有所成就，生活無憂。

◆我做人的宗旨是對己刻苦，善待別人，還有勤奮和重承諾，不傷害他人。

◆如果你不過分顯示自己，就不會招惹別人的敵意，別人也就無法捕捉你的虛實。

◆我相信自由，也相信自由和責任是並行不悖的。

◆注重自己的名聲，努力工作、與人為善、遵守諾言，這樣對你們的事業非常有幫助。

要謙虛，也要表現自我

李嘉誠為人謙虛謹慎，毫無風頭意識，盡可能地保持低調，但他又做不了徹底的隱士。他還得在社會上周旋，他在公眾與記者面前，會自覺不自覺地宣傳他的人生觀、價值觀。

在兒子李澤楷選擇單飛的時候，李嘉誠送他兩句話：一是「樹大招風，保持低調」；二是「做事要留有餘地，不把事情做絕。有錢大家賺，利潤大家分享，這樣才有人願意合作。假如拿10％的股份是公正的，拿11％也可以，但是如果只拿9％的股份，就會財源滾滾來。」這兩句話，不僅是他對兩個兒子的要求，同時也是他自己一生經商的準則。就是這個人人明白卻難於實現的準則，讓李嘉誠贏得了無數商界朋友，廣大股東和公司職員的信賴和支持，為他贏來了無數的財富和榮譽，並最終登上香港首富，世界華人首富的寶座。

李嘉誠深知中華民族自古崇尚中庸之道，講究「槍打出頭鳥」，「木秀於林，風必摧之」，就是老百姓也懂「以和為貴」、「財不外露」的道理。超人李嘉誠謙虛的品質可以隨處可見。

有一次，李嘉誠參加汕頭大學的奠基典禮，本來，他作為汕大創建人，應是當之無愧地在貴賓簽名冊首頁上寫下他的名字，但李嘉誠沒有這樣做，而是將自己的名字簽在第三頁上。在這次宴會中，他不論地位高低，都跟每一位賓客敬酒、握手、交談，的確沒有讓人產生「隔離感」。李嘉誠已是世界上屈指可數的巨富，但他並不驕奢淫逸、大肆揮霍，依然是堅持以儉養德、養廉、養身，淡泊寧靜、樸實無華。

在召開的汕頭大學第五屆校董會上，李嘉誠虛懷若谷地對在汕大成長的每一位同仁再三表示衷心的敬意和感謝。在此，不禁想起李嘉誠曾經在汕大講的一句話：「成就加上謙虛，才最難能可貴。」

孔子曰：「三人行，則必有我師。」謙虛自古就是中華民族的傳統美德。當然，謙虛並不意味著不表現，尤其當今社會，僅有謙虛也是不可行。在二十一世紀知識競爭時代，我們在保持著自我的情操和品行時也要適時地表現自己，善於表現自己才能讓自己越接近成功。在機遇面前人人平等，這時關鍵就在於你會不會表現自己了。能很好地表現自己，把自己的才華展露出來，被大家認同，被社會接受，你就抓住成功的尾巴了。

有一次在加拿大的機場，當李嘉誠的私人飛機要離開時，突然看到一輛車，飛快地駛來，駛近後，司機交給李嘉誠一封信，李嘉誠打開一看，這是一封有中國大陸的學者、講師、副教授、教授聯合簽名寫的信，信上說：

第一批中國人來時，建設了從加西到加東的鐵路，很多人都死了。雖然現在我們的知識水準高了，我們有職業，在這裡有很多的專業人士，可是我們的專業人士一升到工程師，就沒有辦法再升上去做行政管理者，今天，也有中國人做大老闆。下面有超過一千名的外國人是助理員工，我們終於可以揚眉吐氣了。

李嘉誠在22年前收購赫斯基能源的股份時，這只不過是一家資本支出與負債過高的中型石油公司，當年的石油價格曾跌至每桶11美元。其後那間石油公司業務發展不理想，國際投資者希望從李嘉誠手裡收購。「但想起這些海外華人對我說的話，我便捨不得賣掉它。」李嘉誠說道。結果，赫斯基能源在2008年上半年，為和黃貢獻了85.4億港元的贏利。超人又一次成功了。

所以說，謙虛加表現自己是通往成功的有利法則。而這中間要怎麼平衡，怎樣權衡兩者的關係很重要。掌握好了，成功就是遲早的事！

不卑不亢，一眼留下好印象

「聖賢自有中正之道，不卑不亢，不驕不諂，何得如此。」從教育者朱之瑜口中，不難折射出「不卑不亢」執行的難度性與其將賦予擁有者的無窮的人格魅力！

從古至今，「不卑不亢」伴隨著多少英雄走過匆匆歷史，留下的是一段段的佳話，體現的是一串串的智慧，深化的卻是一道道魅力之牆。晏子使楚，以睿智和鎮定，實現了自身的不卑不亢。毛遂自薦，卻以超群的膽識和氣度力挽狂瀾，征服了他的不卑不亢。

當年還只是個小小推銷員的李嘉誠，因為「不卑不亢」，所以可以從容不迫，理直氣壯，伸縮有度，天生儒雅的氣質使他顯得更是風度翩翩，不少和李嘉誠打過交道的人都會在初次見面時就被他的這種獨特氣質打動。給人留下很好的第一印象，使得李嘉誠在商場上得意春風，一切也似乎變得唾手可得。

他一貫淡定的心態，從容的外表，超強的自信和非凡的智慧和勇氣，往往可以坐擁現場，逢凶化吉。不但使李嘉誠可以在商場上左右逢源，同時又不知給他賺足了多少人情面和印象分。因此受益的不僅是事業成功，也是好的人緣及聲望與名譽。

雖說如此，但要做得「不卑不亢」並非一件容易的事。歷史長河中，眾多先人可以叱吒風雲，獨佔疆場，擋萬人之敵。其骨子裡著實無「卑」的縮影，卻最終往往敗於「亢」之上。

關羽身高9尺，單手拎82斤青龍偃月刀，跨下赤兔。曾溫酒斬華雄，三日之內連殺袁紹上將顏良、文醜，可謂威風凜然，神勇之巔，有儞天之霸氣。卻因一個「亢」字導致剛愎自用，繼而大意失荊州，最後落得可嘆可惜的淒慘下場。

呂布勇冠三軍，可令敵手聞風喪膽。每遇戰事，其皆曰：「吾有方天畫戟和赤兔，何足懼哉。」然其不知其士兵皆無此等寶物，此時戰必敗。就其狂妄自大，目中無人而言，呂布可謂「亢」中一絕。

行「卑」者，將坐失良機，碌碌無為，悲憤一生，並將淹沒於歷史滾滾長河中！

由此，不妨先釋何謂「不卑不亢」，然後才知何以可為「不卑不亢」。「卑」者，乃「卑微，自卑」也。「亢」者，「高傲」也。因此，整句話可以理解成「既不會感到自卑，也不會高傲」，行中庸之禮，顯大方之智。

之所以為「卑」，可大致分為如下幾點：

1. 對於未來的迷茫，自身方向嚴重迷失。
2. 家庭某些不客觀的因素，或過分的攀比。
3. 自身可見條件不理想或嚴重被挫折所傷。

然「亢」者，亦有其下幾種原因：

1. 自身素養低下，很難正確處理好成功帶來的衝擊。

2. 自戀導致貶低他人，唯我獨尊。

3. 環境導致的種種習慣。

若為「卑」者，整日垂頭喪氣，精神委靡，潛能流失導致埋葬自我。然「亢」則使人得意忘形，不知進取，惹人嫌棄，進而自取滅亡。

冰凍三尺，非一日之寒，我們也不可能用一日之暖去融化這冰天雪地。想要擁有「不卑不亢」，必須擁有心若止水的情懷，虛懷若谷的胸襟和洞若觀火的卓見和獨領風騷的智慧。取他人之優，祛自身之弊，沉起伏之心，樹雄心之志，自尊自強，並深思滿遭損，謙受益。唯有如此，方能借之為己用，察四海之現狀，在風雲世間獨佔鰲頭。

當今社會，物欲橫流。人們在不斷追求物質財富的同時，不能忽略那些無形的財富。那些諸如「不卑不亢」者，它可以先控制你的靈魂，然後指揮你的行動，繼而決定你的生活方式，由此可見，它的存在與否有著至關重要的價值意義。

對於外交官而言，它確是維護和展現國家形象的靈丹妙藥，使得剛毅與和諧集於一身，團結與實力充分體現，謙謙使者，不怒自威！

「不卑不亢」，需要拿捏，分寸間顯出高低。李嘉誠無疑把握得很好，或許這也和他超強的自信心以及早年傳統文化薰陶有關吧。

兩個人在，別人為何選你

這是一個酒香也怕巷子深的年代。二十一世紀，人才濟濟，到處都是博士、碩士，在這樣一個買方市場裡，就要學會向別人推銷自己，讓別人注意自己，瞭解自己，從而實現自我推銷。如果你不主動推銷自己，誰又能看出你就是千里馬呢？如果不懂得推銷技巧的話，再好的酒，再優秀的人才，也可能被人忽視，從而徒呼英雄末路。

早在李嘉誠創業的時代，「桃李不言，下自成蹊」已然是古老的傳說，「酒香不怕巷子深」的老經驗也已不靈驗，縱然我們是「皇帝的女兒」，要想嫁出去，也免不了要走出深宮，主動推銷自己。在這個世界上，真正比我們聰明的人只有5%，而比我們愚蠢的人，也只有5%，我們大多數人都是屬於普通人。既然這樣，我們又能靠什麼理由去說服買家，證明自己比別人有更高的身價，更值得他們選擇呢？

李嘉誠幾十年的商海磨礪，告訴我們一個道理，「學得好更要賣得好」。自我推銷是一種才華，一種藝術。生活是一連串的推銷，有了這項才華，我們才能像李嘉誠一樣彰顯自己的優勢。

那麼，如何才能提高自我推銷的質量呢？這裡給你提供幾個技巧。

1. 確定交往對象。請考慮一下：你在公司裡喜歡與哪些人交談？他們對你抱有什麼期望？你有

哪些特點能夠對你的「對象」產生影響？請注意觀察優秀同事的行為準則，並吸取他們的優點。

2.善用別人的批評。瞭解別人對你的評價，應該坦誠地接受批評，從中汲取教訓，應當注意言外之意。例如，如果你的上司說，你做事很快，那麼在這背後也可能隱藏著對你的批評。

3.要善於展現示自己。要盡量展現自己的優點，揚長避短。

4.精心包裝自己。超級市場的貨架上灰色和棕色的包裝為什麼那麼少？這是因為沒有人喜歡這些顏色的包裝。你要不想成為滯銷品，也應當檢查自己的「包裝」——服裝、鞋子、髮型、打扮。要敢於經常改變自己的「包裝」，那常會給人耳目一新的感覺。

5.說話要明確。說話言簡意賅，不要用「也許」或「我想只好這樣」等詞句來表達。上司一般都喜歡下屬能有一個明確的態度，不論對人還是對事。

6.佔領「市場」，建立關係網。例如在夏天籌辦一次舞會或與同事們一道爬山踏青；要與以前的上司們保持聯繫，建立一張屬於自己的關係網。

7.當你自己的公關部門首腦。不要怕難為情，找準時機，在上司面前顯示自己的成績，沒有必要總是以謙虛的「我們」形式說話。但要注意的是，不要將之天天掛在嘴邊，那樣會使人厭煩，注意適可而止。

8.不要害怕危機。如果一個專案真的遭到失敗，不要驚慌失措，也不要轉而採取守勢，而應勇敢地承擔責任，積極尋找解決問題的辦法。在緊張狀態下頭腦清醒、思路敏捷的人會得到同事和上司的器重。

大眾認可的商品大都是推銷做得好的商品，只有走向市場，大膽推銷，才能香飄萬里，李嘉誠就是得到了許多人的認可，包括朋友同事，員工，下屬，合作夥伴，甚至是競爭對手。一個人欣賞你，可能是你們惺惺相惜，但只有讓大多數的人認同和欣賞你，那才稱得上是真的魅力人生，只有那樣，眾生面前，成功之神最終選擇的將是你。

注重推銷自己

想要認識新的朋友，想要得到理想中的工作，想要獲得意中人的芳心，想要在工作中取得成績，想要有一個成功的人生，所有的這些都不簡單，但所有一切都有一個簡單的前提——把自己推銷出去。

要做好一名推銷員，一要勤勉；二要動腦，李嘉誠對此有深切的體會。

李嘉誠推銷新型產品——塑膠灑水器，走了幾家都無人問津。

這一天上班前，李嘉誠來到一家批發行，等職員上班聯繫洽談。清潔工正在打掃，李嘉誠靈機一動，自告奮勇拿灑水器幫清潔工灑水。李嘉誠期望遇到提前上班的職員，眼見為實，這樣洽談起來更有說服力。果真就有職員早到，還是負責日用器具的部門經理。李嘉誠很順利就達到目的，該經理很爽快地答應經銷塑膠灑水器。李嘉誠的機靈，可見一斑。同時又透露出李嘉誠的誠實。他讓產品自己說話，這比一個推銷員夸夸其談地講產品的用途優點，要可信得多。

李嘉誠做推銷，愈做愈老練，他深諳一個推銷員，在推銷產品之時，也在推銷自己，並且更應注重推銷自己。

李嘉誠有意識去結交朋友，先不談生意，而是建立友誼，友誼長在，生意自然不成問題。他結交朋友，不全是以客戶為選擇標準。如俗話所說：「人有人路，神有神道。」今天成不了客戶，或許將來會是客戶；他自己做不了客戶，他會引薦給其他的客戶。即使促成不了生意，幫著出出點子，敘敘友情，也是一件好事。

李嘉誠的收入不高，家庭負擔很重，他還要存錢辦大事，因此，他交友不允許花太多的錢。這樣倒好，大家以誠相見，以誠共處。李嘉誠不是健談之人，說話也不風趣幽默。他總是推心置腹談他的過去和現在，談人生與社會。李嘉誠廣博的學識，待人的誠懇，形成一種獨特的魅力，使人們樂意與他交友。有朋友的幫襯，李嘉誠在推銷這一行，如魚得水。

李嘉誠把推銷當事業對待，而不是僅僅為了錢。他很關注塑膠製品的國際市場變化。他的資訊，來自報刊資料和四面八方的朋友，他建議老闆該上什麼產品，該壓縮什麼產品的生產。他把香港劃分成許多區域，每個區域的消費水準和市場行情，都詳細記在本子上。他知道哪種產品該到哪個區域銷，銷量應該是多少。

加盟塑膠公司，僅一年工夫，李嘉誠實現了他的預定目標。不僅超越了另外6名推銷員，銷售額還是第二名的7倍！全公司的人，都在談論推銷奇才李嘉誠，說他「後生可畏」。

被提拔為總經理之後，卻把自己當小學生。他總是蹲在工作現場，身著工裝，和工人一起做，極少坐在總經理辦公室。每道工序他都要親自嘗試，興趣盎然，一點也不覺苦和累。

李嘉誠以勤奮和聰穎，很快掌握生產的各個環節。生產勢頭良好，銷售網路日臻完善，許多大額生意，他都是透過電話完成的，具體的事，再由手下的推銷員跑腿。李嘉誠是塑膠公司的臺柱，是同齡人中的傑出者。

按理說，才20出頭的年紀，做到這個位置，任何人都該是相當滿足了，然而，李嘉誠是個例外。在李嘉誠的人生格言裡似乎永遠沒有「滿足」兩個字。此時也算是小有成績的李嘉誠，放下暫時籠罩在身上的光環和令人垂涎的地位，再一次選擇了跳槽，重新投入冒險中去，他要考驗自己的聰明才智，來開拓自己真正的天地。

老闆自然捨不得李嘉誠離去，再三挽留。

曾有個相士，拉住李嘉誠看相，說他「天庭飽滿，日後非貴即富，必會耀祖光宗，名震香江」。此事在公司傳為佳話，老闆不信相術，但篤信李嘉誠是具備與眾不同的良好素質，他不論做什麼事，都會是最出色的。

因此，李嘉誠絕非池中之物，他謙虛沉穩的外表，實則蘊涵著勃勃雄心，他未來的前程，非吾輩所能比擬。這是老闆與李嘉誠相處幾年，得出的判斷。老闆挽留不住李嘉誠，並未指責李嘉誠「羽毛豐滿，不記栽培器重之恩，棄他遠走高飛」。老闆特意為李嘉誠在酒樓設宴辭行，令李嘉誠十分感動。

李嘉誠懷著愧疚之情離開塑膠褲帶公司。但這是他人生必然的選擇，也是他人生中最重要最關鍵的選擇，從此以後，李嘉誠真正的邁上了佈滿荊棘但又孕育無限希望的創業之路。

人人都是推銷者，人的一生就是在不斷地推銷自己——不論是在工作、生活或是愛情中。

推銷自己，就是讓別人注意到自己，做人生舞臺上的主角；推銷自己，就是讓更多的人接受自己，自然地融入人際關係中；推銷自己，就是完美地展現自己，真正實現人生的價值。

成功地推銷自己，讓人生因為推銷自己而變得不一樣，這不是一個件單的事情，不是一蹴而就的，需要你從內到外認識自己、完善自己，從行為到態度去不斷地糾正自己，然後，別人會看到一個不一樣的你，你也會因為自己的改變感到驚喜，最重要的是你會離成功越來越近。

先成朋友，後談生意：友情改變商情

有句俗話叫做「是金子總會發光」，然而事實上，是金子也未必會發光！如果金子沒有光的反射，它自己永遠也發不了光。就像一個有才華的人，如果不善於借助人脈的力量，那麼他成功的機率仍將大打折扣。

在這個世界上，到處可以看見很多有才華的「窮人」。他們才華橫溢，能力超群，有的甚至有著上天入地的本領，但最終卻落了個顆粒無收，一事無成、默默無聞地度過一生。所以，即便是金子也要為自己尋找能發光的環境，創造能發光的條件，抓住發光的機遇。如果你覺得自己是塊金子，有發光的強烈欲望，就要注意培養自己的人脈關係，給自己創造發光的機會。

先交朋友，再做生意。無疑是最具李嘉誠特色的人際交往模式。在某種意義上說，它已經成為中國生意人心照不宣的成功潛規則。一個不懂遊戲規則的人會被視為「傻子」，只有洞悉這一成功潛規則，為自己贏得更多的朋友，才能在商場上立於不敗之地！

劉軍現在是廣州一家大公司的總裁，他的成功源於他在替別人打工的時候就開始累積人脈關係了。那時候，他在一家很出名的報社廣告部工作。工作期間，他時常接觸到海爾、百事、聯想等這些大企業的負責人。劉軍不僅在發揮創意或爭取版面時很賣力，盡量讓他們滿意，而且還非常注重與他們保持和諧的關係。比如每隔一段時間，不管有沒有合作的專案，他都會打個電話給他們或者發個簡訊問候一聲，節日的時候，也約他們吃個飯或者送一份小小的禮物。這樣，在工作的三年間，劉軍就累積了相當豐富的人脈，後來他出來開了自己的公司。這時他自然想到了這些過去的夥伴，而某知名空調恰好在廣州市還沒有專賣店，他就跟銷售部的負責人談起此事。由於他們的關係一直不錯，在眾多競爭對手條件都差不多的情況下對方就把獨家代理權給了他。

人脈就是機會，人脈越豐富，意味著成功的機會就越多。

2011年，中國數十位成功企業家認為他們取得成功的條件中，機遇排在第二位，而人脈成為第一。一定要記住，是金子也不一定會發光！假如你是一個詞曲創作者，除非你很有名，否則不可能會有人自動求上門。要想讓別人知道自己，聽到你寫的歌，就需要找專門人士幫忙推銷，比如說經紀人。如果你性格內向，不善交際，那麼你即使關門在家寫了100首好歌，也不會有人聽到，只是白費工夫而已。

在超人李嘉誠的《財富之書》，我們不難看到，超人非常重視感情的投資，人脈的累積。超人認為比做生意更重要的是做人，只有做好為人處世，才能把生意做得更好，因此他對自己提出了一系列做人的人生哲理。「為人寬厚，廣結善緣；人之交，信為本，答應的事，就要負責到底，有錯就改；利益共享，放下架子來做人；做人不要太『精明』；寧可吃些虧，也不得罪他人等。」

二十一世紀的今天，不管是保險、傳媒，還是金融、科技、證券，幾乎所有領域，人脈競爭力都發揮著日益重要的作用。專業知識固然重要，但人脈更加重要。從某種意義上說，人際關係是一個人通往財富、榮譽、成功之路的門票，只有擁有了這張門票，專業知識才能發揮作用。否則，即便你是英雄也無用武之地！

獲得他人的支持最重要

所謂一個籬笆三個樁，一個好漢三個幫，要想有所作為，得到他人的支持是非常重要的。政治家常常強調，成為一個成功的組織者，30％是得自於天賦、地位與許可權，其餘的70％則是由該組織成員的支持程度所構成。

所謂的天賦是指自小就活躍於群體中，且有不願屈居於他人之下的個性。地位及許可權是指被上級任命為組織領導者之後，在組織內所擁有的職務及權力。相比之下，在構成領導能力的要素中，群體成員的支持及信賴顯然比天賦、地位、許可權重要多了。相反，不管獲得多大的許可權和地位，不論自己如何重視，若無法獲得團體成員的支持，則只能算擁有三分之一的領導力，將來必會完全喪失權威。

李嘉誠認為，能設身處地為人著想者，才能獲得別人的好感。要想推銷自我，整合大家的意見，就要盡量綜合所有成員的意向及想法，再經過分析整理，得出最具有代表性的結論。

要想獲得他人的支持，管理大師彼得•杜拉克發現，一項既定的目標，即使是十分科學的，要他人來認知和認同也是十分困難的。然而，如果一項管理目標不能被下屬所接受，並轉化為下屬自己的目標，那麼這項目標的實施就會遇到障礙。只有那些實現了「上下同欲」的目標，才能充分激發執行者的積極性、主動性和創造性，使管理目標得到切實有效的貫徹和執行。

那麼，怎樣才能做到這一點呢？杜拉克認為，請下屬參與目標的制訂是有效的方法之一。李嘉誠經常安排給下屬一個任務，卻不去過多干涉，這樣，下屬們便會努力地去達到，從而在客觀上支持了自己的建議。

在一起制訂目標的過程中，因為各個下屬部門或個人都會根據自己的需要，從自己的利益出發，提出對即將制訂的目標的種種建議或見解，爭論是不可避免的。但就在這一過程中，管理者卻可以洞察到目標的確立應遵循什麼樣的原則才能更為下屬所認同，而不至於使提出的目標高高在上，不合民意。另外，在這一過程中，正確的意見得到闡述，偏執的意見也會得到自我修正，實質上也是一個教育、說服和發動的過程。

李嘉誠說，要令下屬有歸屬感。因為有歸屬感才會有主人翁意識。作為企業領導者，才能在真正意義上，得到下屬和員工的最大支持。對於下屬來講，他們需要的是一種實在的「主人翁」的感覺。請下屬參與目標的制定，親身的體驗使他們認識到了自己主人翁的地位，認識到目標決策的科學性，從而自然而然地產生了與管理者一致的看法，相應地，主人翁的責任感也就油然而生了。而這種責任感從某種意義上來說才是對於領導者最大的支持。

第八章 廣結善緣

——長袖要善舞，建立通達人脈

李嘉誠如是說：

◆對人誠懇，做事負責，多結善緣，自然多得人的幫助。淡泊明志，隨遇而安，不作非分之想，心境安泰，必少許多失意之苦。

◆領導者合心努力投入熱誠，是企業最大的鼓動力。與員工互動溝通，對同事尊重。才可建立團隊精神。

◆一個企業就像一個家庭，他們是企業的功臣，理應得到這樣的待遇。現在他們老了，作為晚一輩，就該負起照顧他們的義務。

◆凡事都留個餘地，因為人是人，人不是神，不免有錯處，可以原諒人的地方，就原諒人。

要成就事業，就要有能夠幫助你的人

對於打理跨幾十個國家的事務，就算再精力充沛的人恐怕也應付不來。那麼如何在有效的時間內保證質量同時自己又能放心呢？李嘉誠表示：「個人智慧和精力是有限的，把生意做大、把企業搞活，必須借助專業人才的力量。企業經營者要在人力資源管理上花費更多的時間，為企業發展尋找合適、優秀的人才。」他曾激動地說：「假如今日，如果沒有那麼多人替我辦事，我就算有三頭六臂，也沒有辦法應付那麼多的事情，所以成就事業最關鍵的是要有人能夠幫助你，樂意跟你工作，這就是我的哲學。」

一次，林肯總統遇到某議員。

「你為什麼要試圖跟他們做朋友呢？」這位議員質問道，「你應當試圖去消滅他們。」

「難道我不是在消滅我的敵人嗎？」林肯溫和地說，「特別是當我使他們變成朋友的時候。」這種高深的策略在交際中發揮了不可估量的作用，不能不引起我們的重視。這也就是《孫子兵法》上提到的「不戰而屈人之兵」。

要想成就事業，就要有能夠幫助我們自己的人，敵人總是多，如果把敵人化為朋友，不但為自己增加了人脈，更為自己前進路上排除了障礙，豈不是最好的選擇？人與人之間不會完全相同，這種不同最明顯的差異常常會體現在一個人的愛好中，並透過行為、習慣等表現出來，我們在接觸不同的人時，要注意並盡力把他們與自己融合在一起。而這種無意識的行為常常能在不經意間為我們帶來意外的財富。

人脈是個人通往成功的門票，特別是在當前發展迅速的知識經濟時代，人脈已成為專業的支持體系。擁有強大的人脈，對內，可以服眾；對外，則可以取得客戶的信任。社會上曾流傳著這樣一句話：一個人能否成功，不在於你知道什麼，而在於你認識誰。

查爾斯・華特爾，任職於紐約市一家大銀行，奉命寫一篇有關某公司的機密報告。他知道某一個人擁有他非常需要的資料。於是，華特爾先生去見那個人，他是一家大工業公司的董事長。當華特爾先生被迎進董事長的辦公室時，一名年輕的女士從門邊探出頭來，告訴董事長，他今天沒有什麼郵票可給他。「我為我那十二歲的兒子收集郵票。」董事長對華特爾解釋。

華特爾先生說明他的來意，開始提出問題。董事長的說法含糊、概括、模稜兩可，他不想把心裡的話說出來，無論怎樣好言相勸都沒有效果。這次見面的時間很短，沒有實際效果。「坦白說，我當時不知道怎麼辦，」華特爾先生說，「接著，我想起他的秘書對他說的話——郵票，十二歲的兒子……我也想起我們銀行的國外部門搜集郵票的事——從來自世界各地的信件上取下來的郵票。

「第二天早上，我再去找他，傳話進去，我有一些郵票要送給他的孩子。結果，他滿臉帶著笑意，客氣得很。『我的喬治將會喜歡這些。』他說，一面撫弄著那些郵票，一面讚道：『瞧這張！這是一張無價之寶。』

「我們花了一個小時談論郵票，看他兒子的照片，然後他又花了一個多小時，把我所想要知道的資料全部都告訴我——我甚至都沒提議他那麼做。他把他所知道的，全部告訴了我，然後叫他的下屬進來，問他們一些問題。他還打電話給他的一些同行，把一些事實、數字、報告和信件全部告訴我。」

查爾斯・華特爾用很短的時間就巧妙而成功的打造了一張關係網，同時也完美地解決了他的問題，可見人脈對一個人的成功是何等重要。

很多人常常能夠發現，周圍的朋友有些是同學或同事，有些則是直接透過朋友的介紹而變成朋友。如此一來，認識的人越來越多，人際網就越來越綿密了，因情感作用而相互幫助、關心及支持就越多，有助於解決生活中發生的難題。

廣結善緣，你就能收穫很多。

先播種，後收穫

播種一種行為，收穫一種習慣；
播種一種習慣，收穫一種性格；
播種一種性格，收穫一種命運。

這是著名哲人薩格雷談論習慣的一段名言。由此可見，習慣在每個人事業發展中的極端重要性。同樣，若要廣結善緣，單單臨時抱佛腳是不行的，只有養成這樣一種習慣，我們才能最終獲得他人的信任。

現實中的李嘉誠不僅善待同仁，而且善待員工，深得人心，所以企業的發展有相當大的凝聚力。李嘉誠總是講求信用，為他人著想在先，為自己著想在後。但這種聲譽是如何來的呢？答案很簡單，因為他習慣性地付出，因為他明白，只有先播種，才能看見收穫。而不是想秋天收穫就秋天種植。有這樣一個故事很能說明李嘉誠的廣結善緣。

二十世紀70年代後期，一個著名記者為了他的廣告公司租借場地，跑到長江大廈——李嘉誠第一幢工業大廈去看樓，發現李嘉誠還在生產在當時早已過時的塑膠花。當時長江地產已創出自己的名號，贏利豐厚，但李嘉誠仍然維持已過時的塑膠花的生產，就算已過時的塑膠花小有薄利，對長江地產的利潤而言也只是九牛一毛。於是這位記者問道：「您為什麼還要維持塑膠花的生產？」

李嘉誠說：「這是為了給以前的員工留一些生計，為了讓他們衣食富足。」

這個記者感嘆道：「終於明白了老員工對您感恩戴德的原因。」

李嘉誠說：老員工是企業的功臣，他們為企業做出了重大貢獻。如果說企業是一個家庭，那麼老員工就是家庭中的長輩，我們作為晚輩，看到他們老了，理應承擔照顧他們的義務。提倡人和觀念，懂得感謝員工，多為員工著想，並且時時處處善待同仁，這是李嘉誠對人生的領悟，也是他成就商業輝煌的秘訣之一。

正是這種播種德行的行為讓老員工心暖，從而為公司更加賣力，幫助李嘉誠把公司堅持了下去。

其實，李嘉誠的誠意何止感動了那些老員工，更是感動了那些還處在事業發展階段的員工們，為這樣重情重義的老闆做事，還有什麼怨言和顧慮呢？

不管是有意為之，還是無心之舉，李嘉誠的作為可以概括成一句話：那就是用心對待每一個人。聲譽也許是無心播種而來，但事業的成功卻需要一份兢兢業業的態度，沒有超出別人的付出就不會有出類拔萃的成就。打工皇帝唐駿的經歷很好地詮釋了這個道理。

唐駿可以說是當今*IT*界的菁英。他剛進微軟時，擔任微軟最基層的程式設計師，成為微軟這個大「蜂巢」裡千千萬萬的「工蜂」之一。

微軟當時正在開發*Windows*，先做英文版，然後再由一個*300*人的大團隊開發成其他語言版本。以中文版為例，並不只是翻譯功能表那麼簡單，許多源代碼都需要重新改寫。比如*Word*裡打完一行字自動換行，英文是單字節的，中文卻是雙位組。比如一個「好」字，如果照英文版來，可能「女」在上一行末尾，「子」就到了下一行開頭。為此，大家不懈努力修改了大半年，才改出滿意的中文版。所以最初*Windows*上市後，中文版過了*9*個月才上市；到了*Windows3.1*，中文版上市時間更是滯後了*1*年多。

埋頭開發*10*個月後，唐駿越想越覺得不對勁：常年雇那麼多人做新版本，成本太高；其他語言版本延遲那麼久上市，實在是貽誤良機。能不能改進一下？

下了班，唐駿開始動腦筋，琢磨怎樣才能解決這個問題。半年後，他寫出了幾萬行代碼，反覆運行，證明他的程式經得起檢驗，才找老闆面談。公司又花了*3*個月時間進行認證，於是，原先的*300*人團隊一下子縮到了*50*人。憑藉這個業績和對待工作精益求精的精神，唐駿得到了提升，在微軟一直做到微軟（中國）總裁的位置，也獲得了微軟很少頒發的「比爾・蓋茲終身成就獎」。

唐駿的成功告訴我們，一個人只要盡職盡責的努力工作，就會不斷發掘出自身的潛力，做出優異的成績；而對待工作漫不經心、得過且過的人，縱然才華橫溢，也會逐步流於平庸。

只有先播種事業，然後才能收穫事業。所以，無論你擁有什麼樣的教育背景，無論你擁有多麼高的學歷，無論你曾經做出過多麼大的業績，你都應該樹立盡職盡責的工作態度，把工作做得盡善盡美。因為只有這樣，你才能充分發揮出自己的潛力，從而使自己的執行力得到不斷提高，成為公司裡的佼佼者。

當然，唐駿也許並不是師法李嘉誠，但是他們的成功卻都顯示了同一個道理，那就是你如何對待生活，生活就如何對待你；你如何對待工作，工作就會如何對待你。「一分耕耘，一分收穫」，人生給予你的回報，就是對你努力程度的反映。李嘉誠事業和聲譽都不是憑空得來的，那是幾十年努力的積聚。先播種，後收穫，應當是每一個人不變的人生信條。

沒有架子的首富惹人愛

世間很多人都易擺架子，因為很有氣派，然而李嘉誠卻一貫平和。加拿大記者*John Demont*曾描述說：「他不擺架子，容易相處而又無拘無束，可以從啟德機場載一個陌生人到市區，沒有顧慮到個人的安全問題。他甚至親自為客人打開後車廂，讓司機安坐在駕駛座上。後來大家上了車，他對汽車的冷氣、客人的住宿，都一一關心到，他堅持要打電話到希爾頓飯店問清楚房間訂好了沒有。當然，這間世界一流飯店也是他名下的產業。」

這種小事亦躬親，從不為自己的身分而介懷的沒有架子的首富是多麼惹人愛啊。而李嘉誠由此廣結善緣的事情更是不勝枚舉。

陳衍俊也曾談到，*1987*年，李嘉誠來汕頭大學出席會議，「和他握過手的幾個新聞界同行，都敏感地發現，李嘉誠的手心有些發燙，說話的鼻音也渾重了。李嘉誠顯然是感冒了，發燒還沒退。連續兩天的會議，李嘉誠太勞累了，感冒又加上胃痛。但他仍然不動聲色地打起精神堅持著。只是到了會議中間，他才走近我的身旁悄然地告訴我：『我要吃胃藥，需要幾塊餅乾送藥，能找到幾塊餅乾嗎？』學校的人馬上去買來肇慶產的菜汁餅乾，李嘉誠吃過藥，又回會議室開會。事後，他非要交還買餅乾的錢，我向他說明，幾塊餅乾，區區小事，不足掛齒，他才作罷。」

這件事傳開，汕大師生甚為感動。要知道，李嘉誠是汕大的獨資贊助人，是汕大的恩公啊。這種沒有架子真真讓人不敢相信是首富所為。

曾有一則新聞最能說明李嘉誠沒有架子的平易近人，廣結善緣。

專程前往北京看奧運開幕式的華人首富李嘉誠忙裡偷閒，來到著名的王府井商業街，一來逛街，二來為自己開發的商業街捧場。在商場裡引起了一陣小小的騷動。

「我正在選一個奧運福娃商品，突然覺得眼前這個老人有點熟悉，在哪裡見過！」提起8月6日晚突遇偶像李嘉誠，在北京中關村做IT生意的李先生就激動不已。他回憶說，當天晚上8時許，他陪女友來到北京王府井某著名商場選購奧運特許商品。偶然抬頭，看到一個戴著黑框眼鏡的老人。老人頭髮稀疏，穿著深藍色西服，潔白襯衣，灰色西褲，一雙皮鞋擦得晶亮。李先生覺得面前這個朝著自己微笑的老人很熟悉，像是在哪裡見過。「李嘉誠！」他突然眼睛一亮，興奮得要叫出來。這時，李嘉誠也好像遇到熟人一樣，向周圍的顧客微笑起來。

這時，很多顧客都認出了李嘉誠，商場裡出現了一陣小小的騷動，有的拿出了手機拍照，有的舉起了DV。

「李嘉誠很隨和，根本想不到他就是華人首富，一點架子都沒有，穿著也很休閒，沒有打領帶！也不阻止顧客拍照！」一提起心中的偶像，李先生的崇敬之情溢於言表。

該商場奧運特許商品專店的王小姐介紹，李嘉誠只帶了兩名隨從。在「福娃」專櫃前，李嘉誠拿起一個福娃，一邊看一邊問價格和銷售情況。「這個商場本來就是他的和記黃埔開發的商業街，他來商場，一是逛街，二是來瞭解商場的經營情況！」王小姐說，李嘉誠並沒有買任何東西。

我們都知道，「架子」常常是「尊貴人」向「平凡人」擺出的專利。高高在上的冷漠態度，目中無人的藐視目光，愛理不理的官腔官調，動輒訓人的蠻橫專斷，因為講不出新意而說些老話、空話等。

其實，「尊貴」人都是平凡人變的。靠的是機遇。但「機遇先生」也常常跟人開玩笑，有那麼一天，「尊貴人」「尊貴」不下去了，也會變成平凡人。所以，「尊貴人」和「平凡人」只有一線之差，並非相隔萬水千山。

然而李嘉誠卻沒有因為「尊貴」而擺起架子。他雖然處於「尊貴」地位，但卻相當平易近人。地處「尊貴」，做了許多不平凡的事，仍然覺得自己平凡，這本身就是偉大。李嘉誠正是用自己的平易近人廣結善緣，從而建立了通達的人脈關係。

多結善緣才能多得幫助

要成就事業，就要有能夠幫助自己的人。李嘉誠說：「對人誠懇，做事負責，多結善緣，自然多得人的幫助。」在李嘉誠的收購史上，滙豐這個大財神為他做出了不可磨滅的功績。李嘉誠感激滙豐，滙豐也力助李嘉誠。事實上，李嘉誠跟滙豐的合作由來已久。除了最初的華人行之外，滙豐還多次幫助李嘉誠完成一系列收購計畫。

1985年李嘉誠屬下之和記黃埔，一舉收購香港電燈公司的大部分款項來自滙豐，滙豐銀行為李嘉誠財團充當了一個主要「供血者」的角色。

1987年9月，李嘉誠財團各上市公司供股集資103億港元，進行了一系列重大的擴張收購活動。其中的供股集資項目，是由滙豐總行屬下的獲多利財務公司和美國萬國寶通銀行等協助包銷的。1988年10月，李嘉誠透過長江實業全面收購英資青洲水泥，再次得到了滙豐銀行的支持，並由滙豐銀行屬下之獲多利財務融資出面安排。

1989年，李嘉誠屬下的和記黃埔之國際貨櫃籌措105億元銀行團貸款，也是由滙豐銀行出面組織得以實施的。滙豐銀行因此成為李嘉誠財團一系列龐大的收購活動和集資活動幕後資金雄厚的支持者。

做生意就一定要與人打交道，與各種各樣的人打交道。不管是否認識，都要真誠相待，表現出自己負責的一面，這樣才能發展良好的關係，最終形成一個龐大的人脈網。豐富自己的人際資源，相互扶持。要知道，好的人脈是成大事的重要前提。

有人曾經說過，沒有周凱旋與李嘉誠之間的人脈關聯，就沒有東方廣場。這座建築地處北京金街王府井路口，是李嘉誠投資近200億元人民幣興建的當時中國最大的商業地產專案，其規模之宏大，建築之奢華，已成為京城最亮的風景。

當時，三十歲出頭的周凱旋在董建華旗下的地產分公司做事，當她費盡心力拿下這個地塊的開發權時，董建華卻因要出任首屆香港特首及資金問題而欲放棄。周凱旋心有不甘，於是問董建華華人圈誰能做這個項目？她得到的答案是李嘉誠。於是周凱旋說服了董建華為自己創造一次見面的機會。

不久，在北京飯店的一次商務聚會上，周凱旋見到了李嘉誠。就是這次難得的見面，成就了李嘉誠一直想在北京建設一個超大型商業地產項目的想法。按照香港的商業規則，李嘉誠給了周凱旋總投資幾個百分點的佣金，使她在一夜之間身家數億。

兩方都獲得了共贏。這是一個典型的人脈連接特例。如果沒有董建華與李嘉誠的關係，如果沒有周凱旋與董建華的關係，那麼李嘉誠與周凱旋可能誰都得不到這個意外的幫助。在商業化的社會進程中，每天都在演繹著這樣的財富傳奇。多結善緣，多得人脈已經成為個人成功、企業發展、財富聚積的重要資源。

與人為善，建立良好的關係，經商活動錯綜複雜，每完成一筆生意，都包含許多社會關係在裡面，有許多關口不是輕而易舉容易通過的，需要生意人運用技巧去打通關係，攻克挑戰。實際上，這都是「信任」、「信用」的問題，你有好人緣，贏得了別人的信任，一切問題就迎刃而解了。從某種意義上來說，經商就是經營人際關係。

有一個美國女人叫凱麗，她出生於貧窮的波蘭難民家庭，在貧民區長大。她只上過6年學，也就是只有小學文化程度。她從小就幹雜工，命運十分坎坷。但是，她十三歲時，看了《全美名人傳記大成》後突發奇想，想要直接和許多名人交往。她的主要辦法就是寫信，每寫一封信都要提出一兩個讓收信人感興趣的具體問題。許多名人紛紛回信給她。再一個做法是，凡是有名人到她所在的城市來參加活動，她總要想辦法與她所仰慕的名人見上一面，只說兩三句話，不給人家更多的打擾。就這樣，她認識了社會各界的許多名人。成年後，她經營自己的生意，因為認識很多名流，他們的光顧讓她的店人氣很旺。於是，她也成了名人和富翁。

由此可見，每一個偉大的成功者背後都有另外的成功者在支撐著。多結善緣，你就能在不經意間播下善意的種子，從而在他人的幫助下茁壯成長。美國成功學大師卡內基經過長期研究得出結論：「專業知識在一個人成功中的作用只佔15％，而其餘的85％取決於人際關係。」所以說，無論你在做什麼，都要明白多結善緣的重要性。有時候，善緣就意味著助你成功的一雙手。

善待員工，有容乃大

林則徐說，海納百川，有容乃大；壁立千仞，無欲則剛。一個人的胸襟如果足夠開闊，那麼他的為人將會受到很多人尊敬。李嘉誠不僅事業有成，而且與人為善，廣結善緣。就連在他領導下的員工，他都親切有加。李嘉誠不僅善待員工，更對那些即將離職的員工充滿歉意。他總是說：「公司有員工辭職，是因為我們做得不夠好，沒能給員工充分的施展空間，希望他們都能找到一份好的工作。」只要他能抽出時間，就會親自為離職員工舉行餞別酒會，並對他們說：「公司的大門永遠為你們開著，只要在外面做得不開心，隨時都可以回來。」

這樣的姿態有多少個大富豪可以不打折扣地辦到？

在沃爾瑪，山姆‧沃爾頓會把所有的上下級員工都當合夥人來看待，和他們共存亡、同利益。而員工也把他當成合夥人，大家齊心協力產生的效益是無可比擬的。平時他表現得像沃爾瑪的一個家務總管，不會隨意向任何人發號施令。他鼓勵員工入股，允諾他們優惠的股份和他們離休後的待遇。不論是關於工作還是生活，山姆‧沃爾頓會盡可能地跟員工交流。他認為，員工知道得更多，他們也就更能理解你；他們更能理解你，對沃爾瑪的事務也就更關心。他們一旦真正開始關心，就會長期堅持不懈地做下去。如果總是對員工隱瞞一些他們其實應該知道的事情，他們也就會對你隱藏一些他們真實的想法。到那個時候，你就可能處在一個非常危險的境地，並最終讓你的競爭對手得益。

沃爾瑪每一次戰略成功後，山姆・沃爾頓都會感謝員工所做的貢獻。獎勵通常是一張支票和一份股份，這些可以換來他們的忠誠。山姆・沃爾頓說：「每個人都希望被別人感謝，尤其當他們做了些引以為豪的事情。一句真誠的讚揚所起的作用往往是別的東西所無法替代的，而且完全免費。」

山姆・沃爾頓規定，沃爾瑪的管理者必須真誠地尊敬和親切地對待員工，不能靠恐嚇和訓斥來領導員工。他認為，好的領導者要在管理和業務的所有方面都融入人的因素。如果透過製造恐怖氛圍來經營，那麼員工就會感到緊張，有問題和意見也不敢提出來，結果只會使問題變得更糟，形成惡性循環。而且沃爾瑪的管理者必須瞭解員工的個人品行及其家庭狀況，幫助他們解決困難和完成心願，尊重和讚賞他們，常常關心他們，這樣才能幫助他們快速成長和發展。山姆・沃爾頓就是一個好表率。

美國《華爾街日報》曾有篇報導：有一次凌晨兩點半結束工作後，山姆・沃爾頓經過沃爾瑪的一個發貨中心時，和一些剛從裝卸碼頭上回來的員工聊了一會兒，瞭解了他們的需要，事後便為員工改善了沐浴設施，員工們都深為感動。在山姆・沃爾頓看來，沃爾瑪最大的財富不是它的資本，而是沃爾瑪的所有員工。山姆・沃爾頓就是這樣用他的誠懇與善意感染了所有員工，後來他們一起創造出了許多佳話。

善待員工，不僅要表現在善待好員工上，對於表現差強人意的員工也應給予善意的支持。李嘉誠不但對那些有功的屬下自然倍加珍惜，但對犯錯誤的員工也沒有心存怨恨，而是給他們改過的機會。他曾經不止一次地說：「作為一個企業家就要做到『用人不疑，疑人不用』，只要你選定的人才就要敢放手讓他們去做，不要怕他們犯錯誤。一次犯錯，兩次犯錯，不可能永遠都犯錯。」「任何人都會對自己部下犯錯誤感到不痛快，但是這樣能解決問題嗎？管理人員就應該為員工的錯誤繳學費，只有付出代價才會感受深刻，減少犯錯誤的機率。」

很多員工都非常欽佩李嘉誠並沒有因為他們一次的失誤，就讓他們失去了做事的機會，而是幫助他們找出存在的問題，力求在下次不再重犯類似的錯誤。公司的許多人才都是從失敗中記取教訓，進而慢慢地成長起來的。

有一次，公司的一名年輕經理和外商談判。結果，外商非常傲慢無理，根本不把部門經理看在眼裡，對合約的條款一再地挑三揀四。也許是沒有經驗，也許是不夠冷靜，年輕經理沒有顧及公司的形象就和外商在談判桌上吵起來，合約最後也沒有簽下來。

李嘉誠知道這件事情後，叫人把年輕經理找來。年輕經理心想：「這次把生意談砸了，還和客戶大吵起來，肯定被李嘉誠痛罵。」哪知道走進辦公室後，李嘉誠根本沒有批評他，而是讓他回去好好地總結一下教訓，以後多注意一下談判的技巧，為下次的談判做好準備。

年輕經理以為自己聽錯了，但李嘉誠斬釘截鐵告訴他：「你已經和客戶打過交道，對具體的事務也比較瞭解，沒有人比你更適合擔任這份工作。」果然，年輕經理沒有讓李嘉誠失望，成功地與外商簽訂了協議。

任何人在通往成功的道路上不可能不犯錯誤。普通人會犯錯誤，成功人士也會犯錯誤，重要的是我們從錯誤中得到什麼。如果每次都能從中獲取新的東西，犯錯誤又有何懼怕呢？

具有寬大心胸的人，看出他人的優點比看出他人的缺點更快。也因此，成功的機率大大增加。為企業之道，先存員工。如果損害員工的利益，以累積個人財富，財富累積起來了，也就是眾叛親離的時候。存員工，看起來很平常，卻是商場上的至理。這不是一般的問題，而是涉及一個人、一個企業家如何把握自己的責任和使命的問題。

得人心者成事

李嘉誠說：決定大事的時候，我就算百分之百清楚，也一樣要召集一些人，匯合各人的資訊一齊研究。這樣，當我得到他們的意見後，看錯的機會就微乎其微。

華人首富李嘉誠，十四歲投身商界，二十二歲踏上創業之路，半個多世紀的拚搏奮鬥鑄就了他今日輝煌的業績，今天的李嘉誠早已成為全世界華人中最成功的企業家典範。李嘉誠主張「人和」的創業理念，這為他日後的成功奠定了堅實的基礎。李嘉誠創業時總是有意識地去結交朋友。所謂友誼之樹長青，生意自然好談。

在這一點上，柴田和子的經歷與李嘉誠十分相似。

被譽為「日本銷售女神」的柴田和子出生在日本東京，從東京新宿高中畢業後，進入三洋商會株式會社就職。後因結婚辭職回家做了四年的家庭主婦。1970年，三十一歲的她進入日本著名保險公司——第一生命株式會社新宿分社，開始其充滿傳奇色彩的保險行銷生涯，創造了一個又一個輝煌的保險行銷業績。

1988年，她創造了世界壽險銷售第一的業績，並因此入選金氏世界紀錄，此後逐年刷新紀錄，至今無人打破。她的年度成績能抵上800多名日本同行的年度銷售總和。雖然她從1995年起擔任日本保險協會會長，但業績依然不衰。柴田和子說話機智幽默，衣著奇特，已經成了當今營銷菁英分子們心中的最酷偶像。在全球壽險界，談到壽險銷售成績的時候，人們常常說「西有班・費德文，東有柴田和子」。既然是銷售行業，肯定離不開客戶的支持。柴田和子是如何利用人脈資源進行銷售的呢？

柴田和子認為擅得人心是最重要的一點。一方面抓牢舊的人脈資源，同時不斷認識新朋友。柴田和子高一畢業就到「三陽商會」任職，直到結婚為止，良好的人脈關係後來給了她極大的幫助。最初的這些人脈資源完全是以「三陽商會」為基礎，後來則是透過他們的介紹以及轉介紹而來的。柴田和子的成功用中國的一句成語來概括就是：人情練達。

柴田和子說：「保險行銷要成功，必須要懂得體諒別人。」行銷絕不是一個人唱獨角戲、單打獨鬥地埋頭苦幹。使對方敞開心扉、信賴自己，才是最重要的。要達到這個目的，就要體諒對方，要有為對方著想的心意。一個人的成功不如我們想像的那麼簡單，在他的背後肯定有堅強的後盾，而柴田和子的後盾就是她廣結善緣的結晶——得人心，或者乾脆說就是客戶。

李嘉誠長袖善舞，人脈通達，但是他的交友原則，從來不是僅僅為了生意為了客戶。事實上，生意是暫時的，客戶也不是永久不變的，只有朋友才能常來常往，友誼之樹長青，現在不是生意夥伴，說不準哪天就會有生意往來；他自己暫時不是客戶，可能會引薦其他的客戶給你。生意不是天天做，但友情卻是永遠的。即便沒有生意可談，多交個朋友，也總是件好事。

當年包玉剛想收購九龍倉集團，本來李嘉誠也有意入主的。但他知道包玉剛已經買了不少九龍倉股份，如果自己加入戰圈，和包玉剛一起爭奪九龍倉的控制權，正所謂兩虎相鬥，必有一傷。李嘉誠處世的態度是處處以他人利益為先。於是他放棄了爭奪九龍倉的機會，還將手中的九龍倉股份轉讓給包玉剛，成人之美，使包玉剛能夠順利得到九龍倉的控制權。包玉剛後來就和李嘉誠成了好朋友。

當時，他們兩個集團的影響力、實力不分伯仲。兩位集團的領導人因為這一次機會結識，成了好朋友。之後，他們合作發展了不少項目。李嘉誠和香港滙豐銀行集團的關係也極為密切。

李嘉誠曾經任滙豐銀行的副主席多年。這是繼包玉剛之後，香港第二位登上滙豐銀行副主席之位的華人。其實，李嘉誠在業務發展期間已經和滙豐銀行的關係發展得極為良好了。李嘉誠的信譽，得到滙豐銀行的欣賞，於是就在業務上支持李嘉誠。李嘉誠業務不斷擴張之後，仍然很珍惜和滙豐銀行的關係，所以，到今日，滙豐銀行仍然是長江實業及其下屬機構眾多往來銀行中重要的一家。

中國人講究「以和為貴」。這不僅是在商場上存在的哲學，更是人生處世的哲學。李嘉誠在商界能夠處處結交朋友，值得我們認真學習。精於用人之道的李嘉誠深知，不僅要在企業發展的不同階段大膽起用不同才能的人，還要在企業發展的同一階段注重發揮人才特長。因此，他的智囊團裡既有朝氣蓬勃、精明強幹的年輕人，又有一批老謀深算的「謀士」。

李嘉誠的一番話極為透徹地點出了用人之道的關鍵所在，他說：「大部分人都有長處和短處，必須各盡所能、各得所需、以量材而用為原則。這就像一部機器，主要的零件需要用五百匹馬力發動，雖然半匹馬力與五百匹相較小得多，但也能發揮其部分作用。」

當然，這句話或許不僅僅只局限於用人哲學上，在整個金融領域裡乃至整個社會中，人與人的關係都是彼此關聯的，孔夫子有句話說得好：己欲立而立人，己欲達而達人。或許這正是我們應當奉行的交人原則，善於成全別人而獲得人心者方能成事。

第九章　建立個人魅力

——修己可安人，魅力儒商風範

李嘉誠如是說：

◆工商管理方面要學西方的科學管理知識，但在為人處世方面，則要學中國古代的哲學思想，不斷修身養性，以謙虛的態度為人處世。以勤勞、忍耐和永恆的意志作為進取人生的戰略。

◆一個人最要緊的是，要有中國人的勤勞、節儉的美德。懂得節省你自己，對人卻要慷慨，這是我的想法。

◆一個人應以忠誠努力為主，應節儉的時候要節儉，應用的時候要用。

◆你要相信世界上每一個人都精明，要令人信服並喜歡和你交往，那才最重要。

◆一個大企業就像一個大家庭，每一個員工都是家庭的一分子。就憑他們對整個家庭的巨大貢獻，他們也實在應該取其所得；反過來說，是員工養活了整個公司，公司應該多謝他們才對。

修養，讓氣質出眾不在話下

李嘉誠，一位在商場中人盡皆知的最成功的企業家之一。為何李嘉誠會有這樣成功的事業？注重修養是他通往成功的一把鑰匙。

何為修養？修養是指一個人的品質，道德、氣質，對生命的領悟等，經過鍛鍊和培養達到的水準。一個有修養的人，不僅有志氣，而且能拚搏，不僅熱愛事業，而且熱愛生活積極上進，不僅有著高尚的道德和情操，豐富的閱歷，而且有著百折不撓的意志和奮鬥開拓的精神。有修養的人，一定是善於理論聯繫實際，從而使自己的修養不斷得到加強和提高的人。

在李嘉誠身上，包含了修養四法。

少年立志

人要少年立志，而且是立大志，才會有成功的一日。

李嘉誠曾說過：「我十七歲時已經知道自己將來會有很大機會開創事業，因為我抱著堅定不屈的信念。年輕時，其他同事每日工作八小時，我每日工作十六小時，以爭取成就。我們做任何事情，都應該有一番雄心壯志，立下遠大志向，有壓力才會有動力。」他在十四歲時就不幸失去父親，同時也失去了在學校讀書的機會。他為了家裡的母親和弟妹不得不出來到社會上做事，也正是踏足社會，他找到了人生成功的路線，為自己確立了一個目標，並一直朝這個方向去走，才有了今日的成功。

我們假設一個八十歲的人，才立志要創一番事業，雖然一樣有機會得到成就，但在八十歲之前這個人是沒有什麼志向的，只是得過且過，或許是過去浪費時間太多，才突然醒悟過來。相反，如果一個人在十幾歲就已經立志將來要幹一番事業，之後不斷磨礪自己，不斷學習，不斷吸取工作經驗，創業經驗，不論是工作學習都孜孜不倦，最後他可能會經過一段時間努力後得到成功，這不是比那一位在八十歲才立志的人，成功得更早，之後的生活來得更加有意義？

因此，立志，應該越早越好。

加強自律

自律是修身立志成大事者必須具備的能力和條件。自律，使人能夠自知；自律，使人養成良好的行為習慣；自律，使人學會戰勝自己；自律，使人身心健康，助人建立良好的人際關係；自律，使人高尚起來。自律是發自內心的，是內蘊，與別人加諸己身的紀律不同。自律是聽命於自己，所以自律的人自立，有氣度，吸引力自然而生。

李嘉誠本人就是一位能夠高度自律，而且堅持終身的典範。他曾經說過：「只要勤奮，肯去求知，肯去創新，對自己節儉，對別人慷慨，對朋友講義氣，再加上自己的努力，遲早會有所成就，生活無憂。當生意更上一層樓的時候，絕不能貪心，更不能貪得無厭。」

當自律成為一種習慣，一種生活方式時，我們的人格和智慧才因此更完美。正如美國勵志作家傑克森・布朗（*H.Jackson Brown*）的比喻：「缺少了自律的才華，就好像穿上溜冰鞋的八爪魚。眼看動作不斷可是卻搞不清楚到底是往前、往後，或是原地打轉。」我們也漸漸意識到成功與快樂取決於許多因素：智力、教育、體力、父母的支持、運氣，但當別人陷入平庸時，那個激發你去努力實現理想的關鍵因素不是你的才能，不是你的教育，也不是你的智商——而是你能否自律。自律和意志是緊密相連的，意志薄弱者，自律能力較差；意志頑強者，自律能力較強。加強自律也就是磨練意志的過程。

自律的養成是一個長期的過程，不是一朝一夕的事情，因此要自律首先就得勇敢面對來自各方面的一次次對自我的挑戰，不要輕易地放縱自己，哪怕它只是一件微不足道的事情。自律，同時也需要主動，它不是受迫於環境或他人而採取的行為，而是在被迫之前，就採取行為。

家庭薰陶

大家都知道，李嘉誠從小沒有接受過正規的學校教育，在當年當夥計時，要給他的人力資本質量打分，一定令人失望。他所具有的只有父母給予的健康身心，正是這個男兒的健康之軀，憑著他奮鬥不止的精神，使自己進入了「人力資本價值（良性）循環鏈」中。李嘉誠一生對學知識、練技能、悟智慧、修道德、優化個性、營造身心健康的努力都沒有停歇過。李嘉誠的商業智慧和生存技能是個人拚搏的結果，而商德的培養，母親卻有不可磨滅的功勞。

李嘉誠當年創建長江塑膠廠，一時間生意火紅。由於產品供不應求，出現了降低產品質量來應付訂單的情況。結果許多客戶對低質量的產品要求退貨，銀行追債，客戶追款，塑膠廠頓時陷入困境，瀕臨破產。

這天，母親莊碧琴問李嘉誠：「你是否認識開元寺法號叫元寂的住持？」未等李嘉誠回答，莊碧琴繼續說道：「元寂年事已高，希望找個合適的接班人。候選人是他的兩個徒弟，一個法號一寂，另一個法號二寂。元寂把這兩個徒弟都叫到跟前，說：『我現在給你倆每人一袋稻穀，明年秋天以穀為答卷，誰收穫的穀子多，誰就是我的接班人。』第二年秋天到了，一寂挑來滿滿的一擔穀子，二寂則兩手空空。元寂卻當眾宣佈二寂擔當接班人。一寂聽了，不服氣。元寂微微一笑，高聲地對眾人說：『我給一寂和二寂的穀子，都是用滾水煮熟的。顯然，二寂是誠實的，理應由他來當住持。』於是，眾人悅服。」莊碧琴忽然話鋒一轉，「經商如同做人，誠信當頭，則無危而不克了。」李嘉誠聽了母親的話，深有感悟。不久，李嘉誠的誠信打動了銀行、供應商和員工，形勢因此好轉，危機成就了商機。

李嘉誠的成功與母親的教誨是分不開的。中國人普遍不信仰神，德行的修得很大一部分要靠自我修養，當人的學歷、經歷、閱歷不夠，悟性不到時，能得到德高望重的母親教誨，會避免很多人生的挫折，對人品性的提升和人力資本的增值會大有幫助。

注重德行

做事如做人，安人先修己——「修人安人」是孔子提出的仁愛道德的修養方法。

對任何領域而言，道德是獲勝的首要因素。德商，是指一個人的德性水準或道德品質。德商的內容包括體貼、尊重、容忍、寬恕、誠實、負責、平和、忠心、禮貌等各種美德。

哈佛大學教授兼精神病學專家羅伯特•科爾斯說：「品格勝於知識。」「小勝在智，大勝在德。」一個有高德商的人，一定會得到他人的信任和尊敬，也自然會有更多成功的機會。古人云：「得道多助，失道寡助。」不論我們在生活中還是在工作中，都要以道德來規範自己的行為，不斷修練自己，才能獲得人生的成功。古今中外，一切真正的成功者，在道德上大都達到了很高的水準。

在職場中有這樣一個廣為流傳的例子：王勇在一家軟體公司從事技術開發工作。一天，他突然接到要求休無薪假的通知，無薪假比被辭退稍微好一些，每月可領取一些生活費。工作以來，他的薪資一直都不高，沒有什麼積蓄，休無薪假之後一家人的生活頓時陷入了困境。在他在家的幾天裡，他一連接到三通奇怪的電話。電話裡的人自稱是王勇所在那家公司的競爭對手，希望王勇能給他提供一些公司的機密，他可以幫王勇找一份工作或者給王勇*10*萬元作為回報。第一次接到電話時，王勇斷然拒絕了。第二次，報酬提高到20萬元，王勇仍舊拒絕了。第三次電話打來時，王勇正四處借錢以維持家庭開支，而這時，報酬已高達50萬元，但王勇仍然拒絕了。從此，奇怪的電話再也沒有打來，一切似乎都過去了。一週後，王勇意外地被通知去上班，老闆把誠實獎章發給了他，同時，老闆還聘任他擔任公司開發部經理。原來，那三通電話都是老闆安排人打的，根本就不是什麼競爭對手，只不過是員工晉升前的一次考察而已。考察的是一名員工是否具有可靠的人品，能否即使在生活貧困的情況下也不出賣自己的人格。王勇經受住了老闆的考驗，他的確具備了出眾的德商。

做人必須從「德」字開始，樹立有德之人的品牌，這樣才能成大事。《左傳》中說：「太上有立德，其次有立功，其次有立言，雖久不廢，此之謂不朽。」最上等的，是確立高尚的品德；次一等的，是建功立業；較次一等的，是著書立說。三者經久不廢，這就是所謂的不朽。這就是告訴我們，要以道德來規範自己的行為，只有具備優秀道德的人，才能得到人生的樂趣、生命的精彩。

在李嘉誠的身上顯示了一個道理，良好的修養乃是人在其神經系統中存放的道德資本。這個資本不斷地增值，而人在其整個一生中就享受著它的利息，播種一個思想，你會收穫一個行動；播種一個習慣，你會收穫一個道德。培根在《論美》這篇文章中指出，形體之美勝於容顏之美，而氣質之美是最高境界的美。人生有限，事業無涯，努力提高自身修養，才能使氣質之美綻放光彩，使青春得以延續，寶貴的生命得到永生。

謙虛為懷：細節決定成敗

中國人古來便推崇謙虛為懷，正所謂滿招損，謙受益，人無完人，沒有任何人具有足以傲視一切的資本，任何人，即使在某個方面有很深的造詣，也總有他的劣勢所在。「吾生也有涯，而知也無涯」，任何一個人都不可能在有生之年達到人生的最高境界，因而，應當謙虛為懷，而不應趾高氣揚，應從小事著眼，注意細節，而非盲目而空泛。謙虛為懷，細節決定成敗，這可謂是至理名言，而李嘉誠亦對此深以為然。

李嘉誠在年輕的時候，曾任職於一家塑膠公司，短短一年時間，他便成功超越了另外6名推銷員，而這些經驗豐富的老手，也只能望其項背。當老闆拿出業績統計結果時，眾人都不免驚嘆——他的銷售額竟然是第二名的7倍！

十八歲的李嘉誠被提拔為部門經理，負責產品銷售的統管。兩年後，他又被提升為總經理，全權處理公司日常事務。

正當全公司的人都嘖嘖讚嘆「後生可畏」之時，李嘉誠並沒有驕傲自滿，而是依然保持著謙虛謹慎的態度，依然腳踏實地地著眼於每一個細節。

他已熟稔推銷工作，也漸漸瞭解了生產和管理方面是他的薄弱項。雖然身為總經理，李嘉誠卻常常親自到工作現場向工人學習各種工序。每道工序他都一定要親自嘗試，從來不叫苦。有一次，李嘉誠在操作臺上割塑膠褲帶的時候，不小心手指被割破，鮮血汩汩直流，年輕的李嘉誠並不在意，纏上膠布，又繼續工作。就這樣李嘉誠憑藉著自己的勤奮和聰穎，逐漸掌握了生產中的每個環節。工廠生產勢頭漸好，銷售系統也日臻於完善，不少的大生意，只須透過電話便可以談妥，從各個細節到統籌大局，李嘉誠逐漸變得駕輕就熟。

可以說，李嘉誠將謙虛為懷、注重細節的態度進行到底，在整個經商過程中都一以貫之。而結果也是有目共睹的。正是由於他的這種虛懷若谷，身體力行，不放過每一個細節的精神，使他得以成就如今這樣的傲人業績。

潘石屹的部落格中，曾經提到過參加李嘉誠宴客時的細節：李先生事先已經透過秘書仔細瞭解了客人的詳細資料，並在宴請前等在電梯口迎接客人，每桌都會留有李先生的位子，宴會開始做簡短發言後，李先生會在每桌輪流坐上約十分鐘，向到場的每位客人致意、問好，並面帶微笑傾聽每位客人的自我介紹，每人都能感覺到自己是李先生今天宴請的重要客人、讓人心暖。

作為商場大鱷的李嘉誠，依然能夠如此謙謹待人，細心地照顧到每個細節，這樣的精神，著實令人讚嘆，令人由衷感佩。從這個例子中我們似乎可以看到，謙謹待人的態度和注重細節的精神幫助李嘉誠成就了他的事業，而李嘉誠正是懷著虛懷若谷的心態，從這一個個看似微小的細節，慢慢地建立起了他的財富王國。

除了李嘉誠，許許多多的成功人士也都有謙謹的心態和注重細節的習慣。

楊利偉在和其他幾名太空人爭奪一個登上太空的名額時，儘管所有的隊員都同樣優秀，彼此難分伯仲，然而楊利偉每次進入太空船都會帶上乾淨的鞋套，正是這個細節，使他受到了國家的信任，終於成為中國登上太空的第一人。

日常生活中也要把握細節，只有注意細節，才能順利解決數學難題，只有注意細節，才能使高大的建築巍然屹立，也只有注意細節，才能讓各種機器正常運轉。而更為難能可貴的是，在身居高位，抑或聲名顯赫之後依然懷抱著一顆平常心，以謙虛為懷的態度，認真地對待每一個細節。也許這正是李嘉誠成功的關鍵所在。而在人心日益浮躁的今日，我們更應該好好地反思，從中獲得啟發。相信，培養謙虛的態度和注重細節的習慣，將成為你人生的一筆巨大而寶貴的財富。

廣採博納，不自作主張

人們期盼成功，有如期盼陽光。然而，若真正走上通往成功之路，必須具備成功者的基本資質。廣採博納、不自作主張，正是這基本資質中的兩個。

李嘉誠的巨大成功，除了擁有「超人之術」外，還得力於他具備這兩種資質，得力於它的「用人之道」。他的公司取名「長江」，是基於長江不擇細流的道理。他認為，經營者只有具有博大的胸襟，自己才不會驕傲，只有承認其他人的長處，才會得到其他人的幫助。否則就算自己有三頭六臂，也沒有辦法應付那麼多的事情。他認為：「成就事業最關鍵的是要有人幫助你，樂意跟你工作，這就是我的哲學。」

香港《壹週刊》在《李嘉誠的左右手》一文中，探討李嘉誠的用人之道時說：「創業之初，忠心苦幹的左右手，可以幫助富豪『起家』，但元老重臣並不都能跟得上形勢。到了某一個階段，倘若企業家要在事業上再往前跨進一步，他便難免要向外招攬人才，一方面以補元老們胸襟見識上的不足，另一方面是利用有專才的幹部，推動企業進一步發展。故此，一個富豪便往往需要任用不同的人才……」

「長實在二十世紀80年代得以急速擴展及壯大，股價由1984年的6元，升到90元（相當於舊價），和李嘉誠不斷提拔年輕得力的左右手實在大有關係。」

在長實管理層的後起之秀中，最引人注目的要算霍建寧。

霍建寧1979年被李嘉誠招至旗下，出任長實會計主任。1985年被委任為長實董事，兩年後提升為董事副經理。是年，霍建寧才三十五歲，如此年輕就任本港最大集團的要職，在香港實為罕見。長實全系的重大投資安排、股票發行、銀行貸款、債券兌換等，都由霍建寧策劃或參與抉擇。這些項目，動輒涉及數十億資金，虧與盈都在於最終決策。從李嘉誠如此器重他，便可知盈多虧少。而霍建寧的年薪和董事酬金以及非經常性收入如優惠股票等，年收入在1000萬港元以上。

與霍建寧同任高職的少壯派，還有一位叫周年茂的青年才俊。周年茂的父親是長江的元勳周千和。周年茂還在學生時代，李嘉誠就把他作為長實未來的專業人士培養，與其父一道送他赴英專修法律。周年茂回港後，李嘉誠指定他為公司發言人。兩年後的1983年即被選為長實董事，1985年後與其父周千和一道擢升為董事副總經理，此時周年茂才三十歲出頭。

有人說周年茂飛黃騰達，是得其父的庇蔭——李嘉誠是個很念舊的主人，為感念老臣子的犬馬之勞，故而「愛屋及烏」。

周年茂的「高升」，不能說與李嘉誠的關照毫無關係。但最主要的，仍是周年茂的實力。據長實的職員說：「講那樣話的人，實在不瞭解我們老細（老闆），對碌碌無為之人，管他三親六戚，老細一個都不要。年茂年紀雖輕，可是個叻仔（有本事的青年）呀。」

周年茂任副總經理，是頂移居加拿大的盛頌聲的缺——負責長實系的地產發展。茶果嶺麗港城、藍田滙景花園、鴨月利洲海怡半島、天水圍的嘉湖花園等大型住宅屋村發展，都是由他具體策劃落實的。他肩負的責任比盛頌聲還大。他深孚眾望，得到公司上下「雛鳳清於老鳳聲」的好評。周年茂外表像書生，卻有大將風範，臨陣不亂，該競該棄，都能適當地把握分寸，令李嘉誠感到放心。

李嘉誠的左右手還有不少「洋大人」。

在二十世紀90年代，香港華人見了洋人，不再有見「洋大人」的感覺。港人自信香港是東方明珠，是全球經濟最發達地區，港人的收入及生活水準不比西方國家差。華人公司雇用「鬼佬」（外國人）職員，理所當然。

在二十世紀80年代初可不同，由於百多年來洋人歧視華人的慣性，經濟上開始崛起的華人，仍存有抹不去的「二等英聯邦臣民」的潛意識。那時候，雇用心高氣傲的洋人做下屬，是一件頗榮耀的事。

曾有記者問李嘉誠：「你的集團雇用了不少『鬼佬』做你的副手，是否含有表現華人經濟實力和提高華人社會地位的成分呢？」

李嘉誠回答道：「我還沒那樣想過，我只是想，集團的利益和工作確確實實需要他們。」

二十世紀70年代初，李嘉誠為了從塑膠業徹底脫身投入地產業，聘請美國人*Erwin Leissner*任長江工業總經理，其後再聘請一位美國人*Paul Lyons*為副總經理。這兩位美國人都是掌握最現代化塑膠生產技術的專家，李嘉誠付給他們的薪金遠高於他們的華人前任，並賦予他們實權。

二十世紀80年代中期，李嘉誠已控有幾家老牌英資企業，這些企業有相當部分外籍員工。李嘉誠並不是沒有能力直接領導他們，而是因集團超常規拓展，他的主要職責在於旗艦領航。最有效的辦法，是用洋人管洋人，這樣更利於相互間的溝通。還有更重要的一點，這些老牌英資企業，與歐美澳有廣泛的關係，長江集團日後走跨國道路，啟用洋人做「大使」，更有利於開拓國際市場與進行海外投資。

在和黃、港燈兩大老牌英資集團旗下，留任的各分公司洋董事長、行政總裁更達數十人之多。

李嘉誠曾說：「你們不要老提我，我算什麼超人，是大家同心協力的結果。」

李嘉誠少年時代，曾聽父親講戰國時孟嘗君的故事：孟嘗君能成大事，得「客卿」之助也。李嘉誠能成宏業，「客卿」功不可沒。

他身邊有300員虎將，其中100個是外國人，200個是年富力強的香港人。300員虎將，除李嘉誠的「近臣」外，便是總部與分公司的負責人以及在長江系掛職或未掛職的「客卿」。「客卿」之中，數大牌律師李業廣與當紅經紀人杜輝廉影響最大。

李業廣是「胡關李羅」律師行合夥人之一。李業廣持有英聯邦的會計師執照，是個「兩棲」專業人士，在業界聲譽甚隆。人們稱李業廣是李嘉誠的「御用律師」，李嘉誠說：「不好這麼講，李業廣先生可是行內的頂尖人物。我可沒這個本事獨包下他。」

李嘉誠大概說的是實話。李業廣不是那種見錢眼開、有酬（金）必應之士，一般的大亨還請不到他。長江上市，李業廣便是首屆董事會董事；長江擴張之後，李業廣是長江全系所有上市公司的董事。在香港商界，拉名人任董事是常用之術，但李嘉誠並非這樣，他敬重的是李業廣的博識韜略。長實不少擴張計畫，是兩李「合謀」的傑作。

杜輝廉（Philip Tose）是英國人，出身倫敦證券經紀公司，被業界稱為「李嘉誠的股票經紀人」，他是長江多次股市收購戰的高參，並經理長實及李嘉誠家族的股票買賣。

杜輝廉多次謝絕李嘉誠邀其任董事的好意，是眾「客卿」中唯一不支乾薪者。但他絕不因為未支乾薪，而拒絕參與長實系的決策，令重情的李嘉誠總覺得欠他一份厚情。

1988年，杜輝廉與他的好友梁伯韜共創百富勤融資公司，兩人佔35％股份，其餘股份由李嘉誠邀請包括他在內的18路商界巨頭參股，旨在助其實力，壯其聲威。有18路商界巨頭為後盾，百富勤很快發展為商界小巨人，此時，李嘉誠等主動攤薄自己所持的股份，好讓杜梁兩人的持股量達到絕對「安全」線。李嘉誠對百富勤的投資，完全出於非贏利，以報杜輝廉效力之恩。

廣採博納，融會眾人的「絕橋」（粵語「絕橋」意指獨一無二的記測），這便是李嘉誠超人智慧之源泉。

不自作主張，即能夠善於聽取別人的意見。

一個人的智慧是有限的，只有不斷地從別人的見解中吸取合理、有益的成分，以彌補自己的不足，才能減少失誤，取得成績。故善於傾聽別人的意見是每一個有志者必須具備的品格。

有成語云：「兼聽則明，偏聽則暗。」早在漢代，王符在《潛夫論‧明暗》中便說：「君之所以明者，兼聽也；其所以暗者，偏信也。」在《新唐書‧魏徵傳》和司馬光的《資治通鑑》中也有類似的說法。

所謂「兼聽」，即多方面地聽取；其「明者」，就是明辨。成語告訴我們：聽取多方面的意見，就能明辨是非，正確地認識事物；單聽信一方面的話，就會糊塗，犯片面性的錯誤。究其原因，就在於世界上的事物錯綜複雜，人們受自身知識、經歷、觀念、涵養等因素的局限，難免在見解上有所缺失；如果把多種意見集中起來，進行綜合、比較、鑑別，從而去偽存真，捨其謬誤，取其真詮，自然就更公正合理。

歷史上，齊威王善於傾聽鄒忌的意見，以至於「燕趙韓魏聞之，皆朝於齊」；唐太宗善於採納魏徵的諫言，始有「貞觀之治」；假若劉邦不聽蕭何的薦舉，韓信不得拜將，何以有漢家邦國？如果趙奢不聽軍士許歷的建議，何以能在領兵救韓中挫敗秦軍夜襲的陰謀而大敗秦兵？

聽取意見，能夠補充主見之中的不足。主觀意識自有主觀意識的局限。所謂「眾人拾柴火焰高」，表面在講人多的力量，實際從某種角度而言，更為深層的意思，應該是對「智慧之集大成」的讚美。人人都有自己思維的局限，而聽取意見，則能夠協助你抑制主觀判斷的閃失。

以銅為鏡，可以正衣冠；以史為鏡，可以知興替；以人為鏡，可以明得失。廣徵博引，不自作主張，實在是成功的法寶之一。

勤儉節約

勤儉節約歷來被人們公認為一種好習慣，一種立身、立家、立業的美德，是中華民族的優良傳統、通向成功的階梯。詩人陸游說：「天下之事，常成於勤儉，而敗於奢靡。」

古今中外，無論是發達國家，還是發展中國家，都將艱苦樸素作為一種美德發揚光大。聯合國專門把10月31日設立為「勤儉日」，也就是提醒並要求人們在新世紀仍舊要堅持勤儉節約，艱苦樸素。

在人們的印象裡，富豪應該是開著名車，住著豪宅，出手闊綽的一群人，但很多有錢人卻並不是這樣，他們在衣食住行上奉行簡單原則，香港首富李嘉誠就是一個典型。

李嘉誠的節儉是有目共睹的。

在衣著上：他常穿黑色西服，不是什麼名牌，也比較陳舊。

在飲食上：他在公司與職員吃一樣的工作餐。他去工地，工人吃的大眾飯盒，他照樣吃得津津有味。

在住房上：他現在居住的仍是結婚前購置的深水灣獨立洋房，20多年一如既往。作為香港首富，他並沒有住進高級的豪宅區。

在娛樂上：他不抽菸、不喝酒、不打牌，也極少跳舞。唯一的嗜好是打高爾夫球。

李嘉誠的生活就是這樣簡簡單單。在香港《文匯報》的訪談錄中，李嘉誠如是說：「就我個人來說，衣食住行都非常簡樸、簡單，跟三四十年前根本就是一樣，沒有什麼分別。衣服和鞋子是什麼牌子，我從不怎麼講究，一套西裝穿十年八年是很平常的事。我的皮鞋10雙有5雙是舊的。皮鞋壞了，扔掉太可惜，補好了照樣可以穿。我手上戴的手錶，也是普通的，已經用了好多年。」他還說：「不管你擁有多少家產，對子女應該培養他們獨立自強的能力，特別不能讓他們養成嬌生慣養、任意揮霍的生活習慣。」

對於勤，李嘉誠的看法是：「眼光要放遠，做好自己的工作，最重要的是自我充實，相信很多本來認為不可能的事情也可以變成可能。」「一般的中國人多會自謙成功是靠幸運，絕少有人會說是由勤奮及有計劃地工作得來的。但我認為成功首要完全靠勤奮工作，不斷奮鬥才會有成果。雖然，也有少數的幸運存在，但不會很多。」勤奮的作用，即使沒有工作經驗的學生們都知道，他們越不用功，成績就一定會越不好。說勤是一個人成功的元素之一，相信不會有人反對的。對於儉，李嘉誠也有自己的看法：「錢可以用，但不可以浪費。」「是我的錢，一塊掉到地上，我都會去撿，不是我的，一千萬元送到我家門口我都不會要。」從經濟學角度來說，世界上的資源都是有限的，並不可以無限量供給。如果不加以珍惜，任何資源有朝一日都會用完。

憑著勤與儉的原則，可以使我們有收入之時，不斷積穀防飢，不致浪費。當我們遇上事業的風浪時，也有後退之路。如果要創業，在平常勤奮和節儉中，更可以為我們儲起每一分積蓄，使創業過程更容易得到成功，有問題出現時更好解決。

記得有這樣一篇頗令人震驚的報導：

香港富豪李嘉誠有一次從酒店出來，準備上車的時候，不小心把一枚硬幣掉在了地上，硬幣咕嚕嚕地向水溝滾去，他便彎下身去追撿。旁邊一位印度籍的保安員見狀，立即過來幫他撿起，然後交到他的手上。李嘉誠把硬幣放進口袋，再從錢夾裡取出100元港幣，遞給對方作為酬謝。為了一塊錢卻花了100元，這無論從哪個角度看都是不划算的。有人向李嘉誠問起這件事情，他的解釋是：「若我不去撿硬幣，它就會在我們的生活中消失，而我給保安的錢，他可以用之消費。我覺得錢可以拿去使用，但不能浪費。」

他曾經對記者說：「要我馬上拿出一億解難，我面不改色。但誰要是丟了一分錢，我會立刻撿起來，這也是我致富的秘訣。」

雖然生活上它秉承勤儉節約的作風，但生意上需要的投入卻絕不吝嗇，為公益事業可以「揮金如土」、「一擲億金」盡自己的能力不惜鉅資幫助別人。

李嘉誠信奉亞當·斯密在《國富論》中這樣一個重要論點：人以自利為出發點對社會的貢獻，要比意圖改善社會的人的貢獻大，這樣的「自利」或者說「自私」就有幾分可愛了。因為如此，「自利」能給別人帶來利益，自己的「利」和別人的「利」加起來，社會總淨值必然會增加，國家自然富強。誠然，李嘉誠的財富並不是靠節儉積累起來的，更多的是靠誠實經商賺來的。但我們仍然不能排除節儉在財富累積上的重要作用。

勤儉是美德，節約是責任。誰知盤中飧，粒粒皆辛苦。勤儉節約不是要人們去做「苦行僧」，而是反對那種無節約的消費，樹立正確的人生觀、價值觀、世界觀和科學的發展觀，摒棄拜金主義、享樂主義，不斷陶冶情操，磨礪意志，自覺養成勤儉節約的良好習慣。

勤儉節約是個寶，人生奮鬥離不了。勤儉節約，避免了許多奮鬥過程中不必要的浪費，讓必需的力量厚積薄發，早日實現超越！勤儉節約的人，必是嚴於律已之人，善於約束自己的一言一行，使自己的奮鬥在謹慎中變得更有效率。勤儉節約者，以奮鬥為快樂，奮鬥中，堅持著，不說苦！

老子曰：「合抱之木，生於毫末；九層之臺，起於累土；千里之行，始於足下。」一個勤儉節約的奮鬥者，早已看破千里之行的困難；一個奮鬥著的勤儉節約之士會明白：這第一步，在腳下。

胸中有乾坤，萬事從容應對

為人持重，性格穩健，可以讓你在職場中無往不勝。不浮躁而穩健，是許許多多成功人士面臨機遇時的態度與成功的經驗。

李嘉誠作為華人世界最成功的商人，不僅創造了大量的金錢和財富。而且還身體力行地創立了一套具有豐富內涵的人生韜略和經商哲學。在這個充滿虎狼相爭、你死我活的現代商場中，李嘉誠總是從容不迫、遊刃有餘。可以堪稱從容、穩健、不浮躁的典範。

1945年，他十七歲，辭別舅父，開始自己的創業道路。結果他屢遭失敗，幾次陷入困境。但這個時候，他仍然不浮躁，不悲觀，而是踏踏實實地一步一步往前走。

終於，1950年夏，才二十二歲的李嘉誠創立了長江塑膠廠。這也是他穩健地思考觀察的結果。他透過分析，預計全世界將會掀起一場塑膠花革命，而當時的香港，塑膠花市場是一片空白。可以說，他有審時度勢的判斷力。而這審時度勢的判斷力，亦來自於他的穩健與不浮躁。在工廠經營到7個年頭的時候，李嘉誠開始放眼全球。他大量尋求塑膠世界的動態資訊。一天，他翻閱英文版《塑膠雜誌》，讀到一則簡短的消息：義大利一家公司已開發出利用塑膠原料製成的塑膠花，並即將投入生產，向歐美市場發動進攻。他於是推想，歐美的家庭都喜愛在室內戶外裝飾花卉，但是快節奏的生活使人們無暇種植嬌貴的植物花卉，外形相似的塑膠插花則可以彌補這一不足。他由此判斷，塑膠花的市場將是很大的。他又更長遠地看到，歐美人天性崇尚自然，塑膠花的前景不會太長。因此，必須搶先佔領這個市場，不然就會失去這個機遇。於是，李嘉誠以最快速度辦妥赴義大利的旅遊簽證，前去考察塑膠花的生產技術和銷售前景。正是由於他的這種穩健的工作作風，一條輝煌的道路由此鋪開。從義大利回來，他就立即出重金聘請塑膠專業人才，開發技術，搶產出塑膠花，又迅速地佔領並鞏固了市場。在此之前，他早已料到其他廠家也會一擁而上、東施效顰，所以他採用低價位迅速搶佔這一市場的策略。這樣，等追隨者跟來，他已站穩了腳跟。

塑膠花使長江實業迅速崛起，李嘉誠也成為世界「塑膠花大王」。1973年，石油危機波及香港，香港的塑膠原料全部依賴進口。香港的進口商趁機壟斷價格，價格很快升高了，高得難以承受。而這時，李嘉誠已把重心轉向房地產。轉向房地產，是因為自1964年以後，塑膠花開始受到冷落。而隨著香港工商業的發展，房地產在商業界中佔著極其重要的地位，並且很有發展前途。1960年，他在柴灣購地興建工廠大廈，兩座大廈的面積一共有20萬平方米。在香港經濟迅速發展的年代，香港的港島和新九龍中心地價猛烈上升，等人們意識到這一行情時，洞察先機的李嘉誠已成為地產界的主力軍。

1967年香港局勢不穩，嚴重動搖了投資者的信心，整個香港的地價、樓價處於有價無市的狀態，建築業幾乎停滯不前。一部分港人賣房後遠走他鄉，香港再一次面臨著房地產危機。在那個百業蕭條的年代裡，李嘉誠再次審時度勢，洞察先機。他一方面加強穩固他的大後方，讓長江工業有限公司繼續在塑膠業中保持獨佔鰲頭的地位；一方面他有計劃有步驟地利用現金將購置的舊房翻新出租，再用所得利潤全部換取現金大量收購土地，並且採取各個擊破、集中處理的方式，使土地以點帶面、以面連片地縱橫交錯地發展。就這樣，李嘉誠以其穩健、不浮躁的審慎與膽略，穩中求進。

一個穩健、不浮躁的人，正是這樣一位不斷地要求自己、完善自己，使自己不斷適應時代與社會發展變化的人。

荀子在《勸學》中說：「蚯蚓沒有銳利的爪牙，強壯的筋骨，但卻能夠吃到地面上的黃土，往下能夠喝到地底的黃泉水，原因是牠用心專一，螃蟹有八隻腳和兩個大鉗子，牠不靠蛇鱔的洞穴，就沒有寄居的地方，原因就在於牠浮躁而不專心。」

在我們工作與生活過程當中，輕浮、浮躁，對什麼事都深入不下去，只知其一，不究其二，往往會給工作、事業帶來損失。若想在工作和學習上取得進步，無一不是專一而行，專心而攻。博大固然不錯，精深才能成事。要求精深，想在某個領域中有所發展，就務必要克服浮躁的毛病。

浮躁之氣生於心，行動起來就會態度簡慢、粗暴，徒具匹夫之勇，毛毛躁躁，應付了事，結果只會害了自己、誤了自己，戒除浮躁才能更加專心地做好事情，要戒除浮躁一定要有頑強的毅力，堅定的信心，若非如此，必然會因為浮躁而誤人害己。無論是學習還是工作，只有用心專一，戒除浮躁才會取得良好的效果，勸君做事要專心，處安勿躁好成事。成功之路，艱辛漫長而又曲折，只有穩步前進，才能堅持到終點，贏得成功；如果一開始就浮躁，那麼，最多只能走到一半的路程，然後就會累倒在地。對於渴望成功的人，應該記住：你可以著急，但切不可浮躁。

知名作家劉墉在《靠自己去成功》一書中所說的「求學最忌躁進，為學最忌隨俗，處世最忌盲從」。美國人常說「*I know what I am doing.*」（我知道我在做什麼），其實也是同樣的道理——搞清楚自己的定位與方向，不急不躁、踏踏實實地堅持做下去，才能最終實現自己的目標。

褪去浮躁，不再受取悅他人和急於表現的思想羈絆，才能沉下心去處理事情；保持一份冷靜從容的心態，從容地走，穩健地行，踏實地做，才能看清楚自己與目標的位置，才不會在前進的道路上迷失了自我，迷失了方向。

請記住：萬事從容應對，胸中自有乾坤！

樹大招風，保持低調

「我從不擔心我在歷史中的角色。」帶著些許的自信與固執，讓人感覺李嘉誠身上似乎存在著一個顯著的矛盾：他的事業經歷擁有典型好萊塢電影式的情節——財富、權力、名聲與時代風雲。但他卻以罕見的低調方式行事。

李嘉誠經常教育兒子們，要保持低調。雖然他看不順眼兒子的打扮，但他不強求兒子，他希望的是兒子有出息，能夠做大事業，至於個人的生活品味和作風，只要不超出常規就行了。李澤楷獨立門戶創辦盈科，他曾贈給兒子一句箴言：「樹大招風，保持低調。」雖然李澤楷某些高調做法可能有悖於父訓，但李嘉誠本人卻對這句箴言視為終生信條，奉行不渝。他的一些生活細節人盡皆知。比如他喜歡將手錶調快10分鐘，他自己的住宅沒有游泳池，他的兩個兒子在上學時只有有限的零用錢。在身價百億後，他仍然過著清教徒式的生活。

他為人謙虛謹慎，毫無風頭意識，盡可能保持低調，他特別忌諱樹大招風，他曾自言：「我喜歡看書，現代的、古代的都看，常常看到深夜兩三點鐘，看完就去睡，不敢看鐘，因為如果只剩下兩三個鐘頭，心裡就會很怯。」他有感而發，「在看蘇東坡的故事後，就知道什麼叫無故傷害。蘇東坡沒有野心，但就是被人陷害了，他弟弟說得對：『我哥哥錯在出名，錯在太高調。』這個真是很無奈的過失。」

二十世紀80年代，李嘉誠不僅是香港地產大王，還是貨櫃碼頭大王。他旗下的國際貨櫃碼頭公司在葵涌港坐大。葵涌貨櫃港6個碼頭中，有3個歸李嘉誠所有，另外3個碼頭由其他集團經營。1988年4月，李嘉誠以44億港元在政府招標中投得7號碼頭的經營權，該碼頭有3個泊位。兩年後，國際貨櫃碼頭、現代貨櫃碼頭兩家公司與中國航運公司聯合投得8號碼頭，該碼頭有4個泊位。隨著香港經濟的迅猛發展，國際航運越來越貨櫃化，葵涌現有和興建中的碼頭越來越難以滿足航運業的需求。9號碼頭的選址及招標工作已經推上了議事日程。李嘉誠躊躇滿志，志在必得。

李嘉誠至少佔據地利和人和兩方面的因素。論地利，國際貨櫃碼頭公司佔據同業市佔率的7/10，是同行業的絕對霸主；論人和，在港府決策機構立法局，9名官守議員（即由政府官員出任）中，就有6名是李嘉誠的「幕僚」，他們是長實集團的「特邀」董事，每年可享不菲的酬金。行政當局通過的決議，港督一般不會否決。1992年，英國職業政治家彭定康接任香港總督。彭定康上任後，撤換了一批議員，與李嘉誠關係密切的議員被撤，新一屆議員上任後，將9號碼頭的招標方式由公開招標改為協議招標，9號碼頭的4個泊位，批給了英資怡和與華資新鴻基等財團興建經營。

招標結果出來後，輿論界普遍認為，港府確實有意削弱李嘉誠在貨櫃碼頭上的壟斷地位。因為按照國際通則，如果一家公司在市場上的佔有率已達到五成以上的話，便可以認定是處於壟斷地位；假若是七成以上，那就是高度壟斷了。

李嘉誠面對失利進行了自我反省，「坎坷經歷是有的，心酸處亦難以說盡，一直以來靠意志克服逆境；一般名利不會對內心形成衝擊，自有一套人生哲學對待；但樹大招風，是每日面對之困擾，亦夠煩惱，但明白不能避免，唯有學習處之泰然的方法。」

在與人相處時，李嘉誠平易近人，從不盛氣凌人。加拿大的一位記者記錄過李嘉誠的一件小事，從中我們不難看出李嘉誠的為人。

在日常工作和生活中，李嘉誠對每一個跟他打交道的人都能表示足夠尊重，並設身處地為對方著想，並不以自己身分如何高貴而擺架子。

比如，他比較討厭接受記者採訪，因為香港的記者確實很能纏，令人不勝其煩。有一次，一個比較讓李嘉誠心煩的報社記者在公司樓下等他，想從他嘴裡得到片言隻語做新聞素材。李嘉誠出來後，照例拒絕了這位記者的採訪。李嘉誠上車後，正要離去，一位下屬告訴他，這位記者已經等了兩個小時。李嘉誠立即叫司機停車，向記者表示可以談一下。因為他不忍心記者「站了兩個小時，回去沒有東西交代」。

低調做人是非常值得讚賞的一種做人的品格，一種智者的風度，一種賢者的修養，一種強者的謀略，一種明者的胸襟，是做人的最佳選擇。

低調做人是做人成熟的標誌，是為人處世的一種基本素質，也是一個人成就大業的基礎。所以做人有時候需要像無波瀾、靜靜的流水一樣安靜。相反，如果過於張揚，則很可能會給自己帶來很多麻煩。

鄭莊公準備伐許。戰前，他先在國都組織比賽，挑選先行官。

眾將一聽加官晉爵的機會來了，都躍躍欲試，準備一顯身手。第一項是擊劍格鬥。眾將都使出渾身解數，只見短劍飛舞，盾牌晃動，場面壯觀不已。經過輪番比試，選出6個人來參加下一輪比賽。第二項是比箭，取勝的6名將領各射3箭，以射中靶心者為勝。第5位射箭的是公孫子都。他武藝高強，年輕氣盛，向來不把別人放在眼裡。只見他搭弓上箭，3箭連中靶心。他像一隻鬥勝的公雞，昂著頭，輕蔑地瞟了最後那位射手一眼，退下去了。

最後那位射手是個老人，鬍子有點花白，他叫潁考叔，曾勸莊公與母親和解，鄭莊公很看重他。潁考叔上前，不慌不忙，「嗖嗖嗖」三箭，也連中靶心，與公孫子都射了個平手，博得眾人一片喝采。

最後一局只剩下兩個人了，莊公派人拉出一輛戰車來，說：「你們二人站在百步開外，同時來搶這部戰車。誰搶到手，誰就是先行官。」公孫子都輕蔑地看了一眼自己的對手，兩人同時向前奔跑。哪知跑了一半，公孫子都腳下一滑，跌了個跟頭。等爬起來時，潁考叔已搶車在手。

公孫子都哪裡服氣，提了長劍就來奪車。莊公忙派人阻止，宣佈潁考叔為先行官。公孫子都為此懷恨在心。此後，在進攻許國都城時，潁考叔果然不負眾望，手舉大旗率先從雲梯上衝進許都城頭。眼見潁考叔大功告成，公孫子都嫉妒得心裡發恨，竟抽出箭來，搭弓瞄準向城頭上的潁考叔射去，這個穿心箭一下子讓潁考叔從城頭栽下來。

另一位大將瑕叔盈以為潁考叔被許兵射中陣亡了，忙拿起戰旗，又指揮士卒衝城，終於拿下了許都。處世鋒芒太露的潁考叔終落了個被人陷害的下場。

木秀於林，風必摧之；人浮於眾，眾必毀之。人獲得了一定的權勢、地位、聲譽，往往因此遭受更多的猜忌、打擊和迫害。故而人在風光盡顯之時，若能居安思危，以低調的「厚甲」保護自己，不失為明哲保身、化險為夷的良策。

人要像靜靜的流水一樣，不論在什麼情況下安靜地為人處世，才不至於讓自己鋒芒畢露，樹敵太多。所以，我們就應當在日常的生活中，注意自己的言行，說話、做事要考慮到那些在某方面不如自己的人，不要過分地顯露自己的能耐，否則很可能引起別人的嫉妒和不滿，到頭來很可能就像穎考叔一樣落得從牆頭栽下去的危險。

低調做人的人相信：給別人讓一條路，就是給自己留一條路。低調做人的人懂得：才高而不自詡，位高而不自傲。做人不可過於顯露自己，不要自以為是，更不該自吹自擂。低調做人的人知道：要想贏得友誼，就必須平和待人；要想贏得成功，贏得世人的敬仰，就必須學會低調做人。

人在失意時要靜，很難，免不得要牢騷抱怨；待成功時靜更難，誰會喜歡錦衣夜行？保持低調要有意志力，要有一顆平常心。

李嘉誠做到了這一點，因此，他成為一名傳奇人物！

以和為貴

李嘉誠在王府井大街南口進行他的工程之前，面臨的最大一個難題就是拆遷的問題。這裡人口聚集，不說居民住戶，就僅僅商業用戶也不是一個小數目。當時市府出面做好了原住戶和業主的搬遷工作，而李嘉誠就負擔地價和搬遷費。因此整個工程拆遷開始進展還算順利。

不過，在順利的當中卻有蘊藏著不可避免的紛爭，那就是跟麥當勞的利益衝突。從這場衝突中，再一次體現了李嘉誠以和為貴，以大局為重，化干戈為玉帛的大商人氣概。

眾所周知，麥當勞是全球最著名的速食集團。王府井麥當勞是該集團最大的一家分店，兩層樓面共2.8萬平方英尺，700餘個座位，每天平均有1萬多人光顧，在開業之初，顧客排隊竟有幾里之長，贏利豐厚，自不待言。

面對政府的拆遷要求，麥當勞當然不願意把這棵搖錢樹從聚寶盆裡連根拔出，就公然與北京市政府對抗。但是，北京市政府早就有了最新規定，責令麥當勞限期搬遷。於是，麥當勞拋出了它的撒手鐧，即當年麥當勞集團與北京市政府簽署的長達20年的經營合約，營業地區為王府井現址，租期要到2010年才滿，現在才經營2年多。麥當勞以此契約為要脅，揚言要與北京市政府對簿公堂。

此時，王府井這塊地盤已經快被夷為平地，只剩下麥當勞孤零零地站在空曠的廢墟上。某外國通訊社記者拍下了這一景象，於是世界傳媒上大都出現了這張既滑稽、又可憐的「麥當勞孤立無援」的照片，國際輿論變得對麥當勞十分有利。香港民間也有傳言，說李嘉誠為了當北京地王，不惜把契約在手的麥當勞攆跑，只許自己發大財，不准他人賺小錢。

其實搬遷只是北京市政府與拆遷戶之間的事，李嘉誠並不用承擔什麼責任。但李嘉誠一直奉行以和為貴，不想把事情鬧得太僵，於是出面與北京市政府協商，表示只要麥當勞答應遷出王府井，日後東方廣場將留一個比現在面積更大的店面給麥當勞。

北京市政府只好與美國麥當勞公司重新進行談判，除了李嘉誠提出的條件外，又列出了一連串更優厚的條件，例如，批准麥當勞在北京多開若干家分店等等。面對如此優厚的條件，麥當勞當然同意搬遷了。

本來，一場官司引得全球矚目。李嘉誠將戰火消弭於談判桌上，既顯示了李嘉誠的高姿態，又避免了勢同水火的對簿公堂。握手言和，以退為進，是商戰的高境界。李嘉誠維護了自己的整體大利益，也顯示了他以和為貴、棄小贏大的全局觀念。

著名哲學家牟宗三先生指出，「以和為貴」是儒家在處理人際關係當中最為看中的一項品德。有子曰：「說禮之用，和為貴」，孟子曰：「天時不如地利，地利不如人和」，都是在強調這一品德。牟先生認為，「以和為貴」能夠讓我們少些埋怨，遠離仇隙，是一種「制動的能力」，這種能力是讓我們為達到一個共同目標放棄個人私益與成見，故此，眾志成城大事可成。

曾國藩在家守孝期間，他的弟弟曾國荃與一鄉紳發生了口角，對方說曾國藩是假道學，是想藉著守孝的名義博取好名聲，今後能做大官，曾國荃替哥哥氣憤不已，與那鄉紳大打出手，說他罵曾國藩是為了出名。這件事傳到曾國藩的耳朵裡。此時，他正在書房看書，得知此事後，就讓人叫來曾國荃，對他說：「心中痛快了？」

曾國荃氣呼呼地回道：「不痛快，要不是你讓我回來，我還得在那裡罵他。」

曾國藩繼續問道：「罵完之後，是否會心中痛快？」

曾國荃回道：「這種事，過個十天半個月我的氣也消不了。」

「既然罵人時心中不快，罵人後還是心中不快，那罵來罵去有何意思？」見曾國荃不吭聲，曾國藩繼續說道：「況且，大家彼此為鄰居，這世上的事，向來講以和為貴，才能百業繁盛，而不至於生出邪念之心，為一時口快傷了和氣，見面冷眼相對，背後誹謗誣陷，這日子我看也就沒多大意思了。」

後來，曾國藩帶著曾國荃向那名鄉紳道歉，那名鄉紳也說自己太過無禮，向曾家賠罪，兩家和好如初。日後，曾國藩辦團練，這名鄉紳出力不小。在曾國藩的處世之道中，「以和為貴」一直是他非常看重的一點，他日後成為清廷的「中興之臣」，於這一點上得力不少。曾國藩所說的這番話，即使現在看來，依然有著深刻的現實意義。

人們常說，相見容易，相處難，難就難在我們有各自的打算需要實現、各自的利益需要保護，於是難免斤斤計較。商場如戰場，這裡更是到處充滿了利益的紛爭，而一貫有儒商之譽的李嘉誠，卻很講究善意原則，大局進退，以和為貴。不能不說這是重品質，更是韜略智慧。

成功的現代企業家

日本作家佐佐克明提出並強調企業帝王策略：一是領導者資質上，首先是靈活的頭腦，然後是個人魅力與果斷力；二是領導者不斷發掘新秀，並確保人才；三是領導者沒有權力欲，是協調型的；四是實施「例外管理」，領導者不輕易干涉日常工作，不使自己站在事件前頭去冒險，主要準備處理最需要領導者來應付的例外現象；五是自覺應用文化溝通，使受企業文化氣息影響的視聽者成為自己的消費者。

企業家是在管理實踐中自我造就的，且得到社會行家的評選公認。企業家在思維習慣、行為方式、領導風格等方面都具有自己的基本特徵。

李嘉誠正是一位特點鮮明的成功企業家。

李嘉誠具有裝著「經濟」和「效益」的大腦，即要以最小的投入求得最大的產出。他不是一個急功近利的目光短淺者，而是一位深謀遠慮、高瞻遠矚、審時度勢的戰略家。他能從繁忙的日常工作中超脫出來，進行一種眼前看不到的具有未來色彩的戰略構思。他不拘泥於過去和現狀，敢於開拓創新，不斷尋找新的資訊和經驗，努力探求先進的科學技術和管理方法，為未來的發展開闢新路。他勇於面對錯綜複雜的現實，能熟諳各種領導方法、原則和規律，具有非規範化的經驗和創造性的領導藝術，採取抓大放小的策略。正如加拿大麥克吉爾大學管理教授明茲伯所指出的，企業家所扮演的角色並不單純是一個科學家，一個會計師，一個工程師……而是一個集各種才能於一身的藝術家。

李嘉誠能具有「伯樂識馬」的眼力，衝破世俗偏見和陳腐觀念，善於選拔人才；他能把有專長的能人安排到用武之地，盡其才幹，激勵能者多勞，大膽使用人才；他能捨得花本錢，進行智力投資，積極培養人才。他有著豐富的經營能力，善於思索，運籌帷幄，及時確定企業的最佳經營方式。

作為領導者，李嘉誠認為要堅決果斷，豪爽行事。這是領導者最為重要的內在素質。無論是說話、辦事、決策都乾脆、俐落，絕不猶豫不決，不拖泥帶水，不朝令夕改。這是一個管理者才能、魄力最直觀的表現，對維護自身形象具有尤為重要的作用。

在現代經濟社會，像李嘉誠一樣具備成功企業家氣質的不乏其人，馬雲就是其中優秀的代表。2006年3月，一檔名為《贏在中國》的節目在中央電視臺經濟頻道播出。這是一場主題為「勵志照亮人生，創業改變命運」的商戰真人秀，眾多參賽選手的精彩表現，贏得了觀眾的掌聲。而最為人樂道的，還有一個人，他就是《贏在中國》的評委之一，阿里巴巴的馬雲。

很多觀眾甚至表示，看《贏在中國》只是為了看馬雲。雖然其他的評委也同樣出色，比如熊曉鴿（IDG亞洲區總裁），比如史玉柱（巨人網路集團董事長），但長相「古怪」的馬雲無疑是吸引最多目光的人物。睿智的點評、敏捷的思路、犀利的提問，這一切的表現，讓參賽者和觀眾深深地記住了馬雲。綜觀中國互聯網領域的「英雄」，馬雲絕對稱得上「另類」。「土生土長」的馬雲早年不過是個英語教師。然而，他卻一手打造出中國最大的互聯網公司。

早在2006年6月，美國權威財經雜誌《Business2.0》曾公佈「全球50位最具影響力商界人士排行榜」。作為中國內地唯一入選的企業家馬雲，排名第15位，而同時入選的比爾・蓋茲排名第21位。1999年，馬雲再次創業，建立了阿里巴巴。這一次，他的創業團隊達到了18人。這一次，馬雲並不孤單，這支18人的創業團隊即使在他最困難的時候，仍不離不棄。這些人都相信，跟著馬雲一定能成功，馬雲對他們的承諾也一定會兌現。

這18人中，最具代表性的人物應該是蔡崇信。出生於臺灣，成長於美國的蔡崇信，在認識馬雲之前，是一家跨國公司的高級投資經理，其年薪高達70萬美元。在和馬雲接觸過幾次後，蔡崇信毅然放棄海外高薪，表示願意加入馬雲的創業團隊。馬雲明確告訴蔡崇信「跟著我，一個月只有500塊人民幣」。蔡崇信毫不猶豫地答應了，而且一做就是10年。

「十八羅漢」的最初選擇，無疑是正確的。馬雲沒有讓他們失望，隨著阿里巴巴的成功上市，馬雲締造了一個「神話」。

在阿里巴巴上市前的內部演講中，馬雲說：「到今天為止，我都覺得是這個時代給我的機會太好了，我的同事給我的機會太好了。這也就是李嘉誠和他兒子的區別。李嘉誠永遠是說：把錢放在桌子上大家一起賺，所以李嘉誠越做越大；他兒子想把人家口袋裡面的錢全掏到自己口袋裡，結果香港人都覺得上了他的大當。」

有了李嘉誠做榜樣，馬雲在阿里巴巴上市後，他擁有的股份比率不足10％，他將大部分財富留給了投資者和員工。凡成大事者，必有大胸懷。相比那些創業之初信誓旦旦，一旦套現就作鳥獸散的創業者，馬雲的魄力和胸懷令人嘆服。正是這樣的魄力和胸懷，鑄就了馬雲的影響力。

馬雲常說：「心有多大，事業就有多大。」似乎目前阿里巴巴的事業對於馬雲來說仍遠遠未夠。就像李嘉誠一樣，馬雲的獨特魅力來源於他的過往。他對於創業的理解和其特別的經歷中所鑄造出的成功企業家氣質，而這也是其影響力形成的重要原因。

第十章 管理自我

——內在的自我修練

李嘉誠如是說：

◆在我看來，要成為好的管理者，首要的任務是自我管理，在變化萬千的世界中，認識自己是誰，瞭解自己要成為什麼模樣，建立個人尊嚴。

◆保持低調，才能避免樹大招風，才能避免成為別人進攻的靶子。

◆我表面謙虛，其實很驕傲，別人天天保持現狀，而自己就老想著一直爬上去，所以當我做生意時，就提醒自己，如果繼續有驕傲的心，遲早一定碰壁。

◆如果沒有個人條件，運氣來了也會跑去。

◆我相信強者特別要學習聆聽弱者無聲的吶喊；沒有憐憫心的強者，不外是個庸俗匹夫。

◆成為一位成功的領導者，不單要努力，更要聽取別人的意見，要有忍耐力，提出自己意見前，更要考慮別人的見解，最重要的是創出新穎的意念。

好的管理：在於自我管理

「一個人最要緊的是，要有中國人的勤勞、節儉的美德。最要緊的是節制你自己，約束自己。對人卻要慷慨，這是我的想法。」這簡短的話語不僅是李嘉誠規範自我的衡量標準，同時也是他最終走向成功的重要因素。李嘉誠的自我規範可以分成兩個部分來理解：一是對自己的要求，即嚴於律己；二是對待他人的心態，也就是寬以待人。

嚴於律己的方式和管道有很多，勤儉與自律就是其中的兩種。身為知名的企業家，李嘉誠的成功當然離不開民族文化的薰陶。中國人的傳統美德——勤儉，在李嘉誠身上顯得尤其突出。也許有人認為，越是富有的人就越是浪費。然而大富豪李嘉誠卻留給人們一個不一樣的印象。

李嘉誠在澳門參加一個宴會的時候，他坐在宴會大廳的中央主席臺上。就在宴會將要結束時，他看到桌子上的一個盤子裡還有兩片番茄沒有吃完，於是就面帶微笑地叫自己的兩個助手分吃了。如果說細節決定成敗，那麼李嘉誠在宴會上的此舉就是他成功之路上的一面小小的透視鏡。

在任何時候，自律的人都是受人敬重的人。還處於學生時代的李嘉誠就是靠著自己強烈的自律精神，讀了比同齡人更多的書，學到了比同齡人更多的知識。他無須家長與老師在身後推動，只要拿出自律的行為規範，就已經能夠讓自己前行了。李嘉誠的自律不僅體現在學習中，在工作中他也是一個要求自律的人。

還沒有成長為企業家的李嘉誠，最初還僅僅是一個五金製品的小推銷員，然而他卻憑著自身的素質在推銷員中做到了出類拔萃。這種素質除了勤快與智慧之外，想必自律也是其中之一。有一件事例也能夠說明李嘉誠對自律精神的看重。

他為自己的孫子取名為李長治，「長」字作為字輩無可厚非，而「治」中正有自律自治之意。修身、齊家、治國、平天下，高遠的理想總是建立在自我身性的修養之上。可見，自我管理在成功的道路上扮演著多麼重要的角色。

與人為善，用一顆仁愛的心來對待周邊的人。自我管理除了要嚴格要求自己之外，還要求寬厚地對待他人。對他人不吹毛求疵，不求全責備，尊重他人的意見與個性，欣賞和學習他人身上的優點。在相處兩難的情況下，選擇換位思考的方式，多為對方著想，能夠體諒對方的難處。「有容，德乃大。」「己欲立而立人，已欲達而達人。」「君子成人之美，而不成人之惡，小人反是。」生意不成仁義在，關心員工疾苦。無論是競爭對手還是自己的員工，李嘉誠都能以寬以待人的方式與人相處。

「愛人者人恆愛之」，自我管理實則是自愛的一種表現。做到自愛的人，就能夠受到他人的敬重；做到自愛的人，才是成功的人。勤儉、自律和寬厚，看上去簡單的六個字，做起來卻十分困難。然而，成功人士往往都是突破了重重困難的強者，李嘉誠也不例外。

每個人都追求自由，然而真正的自由卻只有在高度自律中才能擁有。所謂自由，就是個體的行為能夠充分表達自己的意願；所謂自由，就是個體在社會現實中的生存自律。每個人都要為自己的行為負責，而這種責任心的培養則必須依靠自我管理的建制。一個能夠把自我管理好的人，一定是在工作中得心應手的人；同樣的，一個能夠做到良好自我管理的領導者，必定是一位成功的上級。而李嘉誠正是靠著良好的自我管理，不僅在員工中建立了威望，而且在企業中做到了好的管理。

傲慢自大是一種能力的潰瘍

「在今天，我想和大家分享我的一項秘訣，那是終生指引我能憑仗的情感和智慧，超越感受和本能的導航器。」

2008年6月26日，李嘉誠受邀在汕頭大學參加學生的畢業典禮並發表演講。李嘉誠的演說風格成熟而富有智慧，毫無誇張之情，更無虛浮的表演。言辭懇切之間展現出了他的人格魅力，讓在場的大學生領略了一代富豪的風采。整場演講都極具吸引力，而其中一段對「傲慢自大」的看法更是讓同學們受益匪淺：

「在『卓越』與『自負』之間取得最佳平衡並不容易，因為有信心，『勇敢無畏』也是品德，但沉醉於過往和眼前成就、與生俱來的地位或財富的傲慢自信，其實是一種能力的潰瘍。我們要謹記傳統智慧，老子的八字真言：『知人者智，自知者明。』」

樸實無華卻又強勁有力，李嘉誠在邏輯遞進之中，用簡短的語句對「傲慢自大」進行了批判。其中所蘊含的人生哲理激發了在場的大學生對自我人生的思考。

缺乏某方面的能力就應該坦率面對，這不是什麼丟人的事情。每個人都有自己的長處，我們不必為自己的短處而感到羞恥。同樣的，我們原來具備的才能可能在長期的懈怠下而不再成為自身的優勢。這個時候，我們不應該沉浸在過去的自滿之中，更不能因為「曾經擁有」而沾沾自喜、驕傲自大。

有自信固然是好事，然而當自身的能力不足以與自信畫上等號的時候，這種自信很可能就會演變為驕傲自大。越是讓人感覺驕傲自滿，越是容易暴露自己在能力上的缺乏。正如李嘉誠所講，傲慢自大在這個時候就是一種能力的潰瘍。疾病的困擾會讓我們在前進的道路上障礙重重，只有擺脫它的糾纏，我們才能發展真正的能力，才能夠重新建立起真正的自信。

「知人者智，自知者明。」那麼，如何才能去除驕傲自大的毛病而做到自知呢？首先，要培養謙虛的品質。並不是所有的人都有資格謙虛，謙虛需要才能與智慧的支撐。一個沒有任何能力的人，當他對別人說諸如「我沒什麼能力」的話時，這實際上是對自己能力缺乏的承認，而不是謙虛的表現。只有那些具有智慧的人，在做了他人所不能做到的事情時，在受到他人讚揚時，他才能夠表示謙虛。謙虛是智慧的表現，謙虛更是通往成功路上的加速器。

當然，除了要做到謙虛以外，時刻反省自己過去的言行也不失為一個很好的辦法。李嘉誠在這方面就做得很好。在商場中打磨自己的他時常會反省自己過往的行為。他會回想過去，回想自己是不是曾經因為忠言的逆耳而沒有接納他人的建議；回想過去是不是因為種種原因而沒有承擔自己言行所帶來的後果；回想過去自己在處理事務上面是不是不夠睿智，是不是缺乏創見。

缺乏某種能力並不可怕，由於認識不到能力的缺乏而驕傲自滿也不可怕，可怕的是我們明知道自身的缺陷但是不願承認，相反，還自以為是的認為自己真的擁有這種能力。這就如同看病吃藥一樣，得了病就去檢查，檢查出疾病不是丟人的事，也不必沮喪。對症下藥，就一定能夠將疾病消除。最害怕這疾病原本只是小小的潰瘍，但是由於當事人不願醫治而最終轉變為不治之症。

李嘉誠在汕頭大學的演講中還告誡同學們：「要堅守常思考、常反思的守則，並懷著奉獻和關懷的心態處事。」看來，我們應該時刻保持對自身的警醒，避免驕傲自大佔據自我的心靈，避免以驕傲自大的行為處事，以免讓驕傲自大一味地發展下去，而最終迷失了自己，斷送了自己的前程。

自負指數：倚仗一生的導航器

李嘉誠在汕頭大學的演講不僅提到了「驕傲自大」這個人們口中常見的話題，而且還講到了「自負指數」這樣的新鮮辭彙：「我想和大家分享的訣竅是什麼？我稱它為『自負指數』，那是一套衡量檢討自我意識、態度和行為的簡單心法。」

李嘉誠用四個因素來計算自己的自負指數，它們分別是：一、常詢問自己是否驕傲自大；二、反問自己是否沒有接受逆耳的忠言；三、是否沒有為自己的言行買單；四、預見、解決事情的周詳計畫。

凡是沒有做到這四種因素中的任意一條，都要為「自負指數」增加數值。「自負指數」越高，那麼驕傲自大的程度越離譜；反之，則做到了謙虛恭順。

在這個競爭殘酷的社會中，越來越多的人內心充滿了忙亂與恐懼。也正是由於這樣的不安心理，使得他們不斷地浮誇自我的能力，走向自負，以掩飾自己內心的空虛。然而，「勢為天子，未必貴也；窮為匹夫，未必賤也；貴賤之分，在行之美惡。」莊子的話語似乎向我們說明：雖然競爭有愈演愈烈之勢，雖然人有三六九等之分，但這些因素都不是造成內心慌亂的真正原因，美德的缺失才是讓內心世界失去平衡的真正兇手。而李嘉誠正是透過計算「自負指數」來維持他內心世界的平衡，同時，「自負指數」的運用也讓李嘉誠有了一個平和的處事心態。下面我們就對衡量「自負指數」的四個因素來一一加以說明。

謙虛行事，避免驕傲自大。李嘉誠給予謙虛的褒揚足以說明他以謙虛為美德的正確認知：「我深信『謙虛的心是知識之源。』是通往成長、啟悟、責任和快樂之路。在卓越與自負之間，智者會親前者而遠後者。背道而馳的結果，可能是一生淨成就得之極少，而懊悔卻巨大，成為你發揮最佳潛能的障礙，減弱你主控人生處境的能力。在現今無限可能的電腦時代，大家對『重新啟動』按鈕相當熟悉。然而，在生命這場永無休止的競爭過程中，我們未必有很多『重新啟動』的機會，我相信，給你這個機會，也沒有人期望過著一個不斷要『重新啟動』的人生。」

忠言逆耳利於行。甜言蜜語的確讓人沉醉，糖衣炮彈的襲擊反而會讓很多人感到欣喜。不過，那些真正擁有智慧的高手卻都是喝得下苦口良藥的人，也是聽得進逆耳忠言的人。諱疾忌醫只會讓輕微的病情變得愈加嚴重，但如果能夠及時治療，恢復健康的可能性還是很大的。還在發展事業時期的李嘉誠就是因為聽取了很多逆耳的忠言，他的企業才逐漸強大起來。

為自己的言行買單。勇於承擔責任是衡量一個人是否成熟的標準之一，為自己的言行負責更是理所應當。這項「自負指數」能夠鞭策當事人在言行上始終保持謹慎，不該說的話與不該做的事都不要去做。

預見與解決問題的詳細計畫。如果說前面的三種因素都是位於人生智慧之列的話，那麼這最後一種因素涉及的則是實際的運用能力。能力的培養經過需要時間與事件的歷練，除了先天所具備的才智以外，後天的努力也是培養事務預見、解決能力的途徑，而且是主要途徑。一份全面詳細的計畫無疑是為能力的提高添加籌碼的重要因素。

在李嘉誠的自負指數中，我們可以看到儘管影響成功的因素有很多，但個人自身的修養永遠佔據著不可忽視的重要地位。自負也許並不完全是壞事，但過度自負一定是自遺其咎。縱使你真的滿腹才學，也基於可能會因為盲目的自負而斷送。

安德森是個非常優秀的青年，頭腦一向很聰明，在大學期間是令人羨慕的高材生。或許正是因為他太優秀了，所以其他人在他眼裡簡直不值一提。他是一個特立獨行的人，時時感到自己是「鶴立雞群」。不僅周圍的同學他看不上眼，連一些教授他也不放在心上，因為他們講的課程對安德森來說實在太簡單了。學業上的優秀使安德森逐漸形成了一種優越感，因而在人際交往上常常變得極為挑剔，容不得別人有一點毛病。

一次，有位同學向他借了一本書，書還回來時弄破了一點，雖然那位同學一再向他表示歉意，但安德森仍然無法原諒他。儘管礙於面子，他當時什麼話也沒說，然而從那以後，他再也不願理睬那個借書的同學了。漸漸地，安德森成了其他同學眼中的「怪人」，大家不敢再和他交往，甚至不願意和他交往。

當然，這種「集體排斥」並沒有阻礙安德森在學業上的成功。安德森的功課樣樣都很優秀，年年都獲得獎學金，還曾代表學校參加過國際性競賽並獲得了獎項。許多老師和學生都一致認為，他是一個難得的「天才」。數年寒窗苦讀後，安德森以優異的成績畢業，順利進入一家待遇優厚的大公司。他心中對未來充滿了憧憬，準備幹出一番轟轟烈烈的事業來。

不過，上班後的生活遠遠不像在學校裡那樣簡單，每天都少不了和上司、同事、客戶等各種各樣的人打交道，安德森對此感到十分厭煩。原因在於，他在與人交往時仍然抱著那種挑剔的心理，一旦與人接觸就對他人的弱點非常敏感。畢竟，安德森太優秀了，很少有人能夠和他相提並論。他對別人的挑剔越來越嚴重，逐漸發展成對他人的厭惡。他討厭那些平庸的同事、低能的上司，有時甚至說不清對方有什麼具體的缺陷，但他就是感覺不對勁。

長此以往，安德森與周圍的人關係搞得很緊張，彼此都感到很彆扭。他經常與同事鬧得不可開交，也往往因一些微不足道的小事而與上司發生齟齬。終於有一天，安德森徹底變成了一個無人理睬的閒人了。儘管他確實很有才幹，但上司卻不再派給他任何任務，同事們也像躲避瘟疫一樣遠離他。安德森百思不得其解，陷入深深痛苦之中。

安德森的故事讓人惋惜，但也更讓人警醒。任何時候，做一個謙虛謹慎、胸懷寬闊、沉穩持重的人，對於自己的成功是大有裨益的。李嘉誠所說的「自負指數」，一直是他依仗一生的導航器，他在演講中激勵青年朋友要擺脫自負，做到謙虛謹慎。當然「自負指數」只是攀登人生與事業高峰的訣竅中的一種，還有許許多多的處事訣竅供我們選用，而且不同的人也有著自己獨到的行為準則。無論如何，只要我們能夠牢記自己的訣竅，那麼就一定能夠到達峰頂。

坦率地承認自己的錯誤

人活一生，不可能不犯錯誤。面對錯誤有怎樣反應，這個人也許就有多大的成就。當你不小心犯了某種大的錯誤，最好的辦法是坦率地承認和檢討，並盡可能快地對事情進行補救。

格里・克洛納里斯現在北卡羅來納州夏格特當貨物經紀人。在他任職西爾公司做採購員時，他發現自己犯下了一個很大的估計上的錯誤。有一條對零售採購商至關重要的規則是：不可以超支你所開帳戶上的存款數額。如果你的帳戶上不再有錢，你就不能購進新的商品，直到你重新把帳戶補足——而這通常要等到下一次採購季節。

那次正常的採購完畢之後，一位日本商販向格里展示了一款極其漂亮的新式手提包。可這時格里的帳戶已經告急。他知道他應該在早些時候就備下一筆應急款，好抓住這種教人始料未及的機會。此時他知道自己只有兩種選擇：要嘛放棄這筆交易，而這筆交易對西爾公司來說肯定會有利可圖；要嘛向公司主管承認自己所犯的錯誤，並請求追加撥款。正當格里坐在辦公室裡苦思冥想時，公司主管碰巧順路來訪。格里當即對他說：「我遇到麻煩了，我犯了個大錯。」他接著解釋了所發生的一切。

儘管公司主管不是個喜歡大手大腳地花錢的人，但他深為格里的坦誠所感動，很快設法給格里撥來所需款項，手提包一上市，果然深受顧客歡迎，賣得十分暢銷。而格里也從超支帳戶存款一事汲取了教訓。並且更為重要的是，他意識到這樣一點：當你一旦發現了自己陷入了事業上的某種誤區，怎樣爬出來比如何跌進去最終會顯得更加重要。

李嘉誠年輕時創建自己的公司，因為經驗不足，過於冒進，結果犯了質量不達標的錯誤，給很多客戶造成了損失。面對退貨的嚴重情況，李嘉誠沒有選擇自暴自棄，而是坦誠承認自己的錯誤，並且積極改正。結果換來了大多數客戶的諒解，終於挽回了損失，這才有了日後長江的飛黃騰達。

一個人在前進的途中，難免會出現這樣或那樣的過錯。對一個欲求達到既定目標、走向成功的人來說，正確對待自己過錯的態度應當是：過而不文、聞過則喜、知過能改。人們大都有一個弱點，喜歡為自己辯護、為自己開脫。而實際上，這種文過飾非的態度常會使一個人在人生的航道上越偏越遠。

聞過則喜、知過能改是一種積極向上、積極進取的人生態度。只有當你真正認識到它的積極作用的時候，才可能身體力行地去聞聽別人的善意勸解，才可能真正改正自己的缺點和錯誤，而不致為了一點面子去嫉恨和打擊指出自己過錯的人。有了過失並不可怕，怕的是不思悔改、一味堅持，這種人是很難走向人生的輝煌的！

聰明的練就：由靜態管理伸延至動態管理

從一個名不見經傳的小小推銷員，到一位擁有巨額資產的大企業家，歷經多年在商海中的打拚，李嘉誠已經將他對自身的靜態管理成功地延伸至對企業的動態管理。想要瞭解怎樣才能從靜態管理成功地延伸至動態管理，我們首先需要知道的是什麼是靜態管理？而動態管理又是什麼？

想要管好別人，先要管好自己。之前我們已經談到過什麼是自我管理以及如何做好自我管理，其實，自我管理就是一種靜態管理。自我能力的挖掘首先要建立在對自我正確的認識之上，然後再透過對自我合理的管理一步步地邁向目標，最終達到成功。在這個過程中，我們還要時不時地回過頭去反省自己過去的言語行為。哪一些是合乎情理的，哪一些傷害到了他人；哪一些是切合實際的，而哪些又是高估自我能力的；有哪些不良的後果是由於自己的衝動所致，又有哪些成功的案例是因為自己的智慧才最終得來。

李嘉誠在建立自己的公司之前一直努力地做好自我管理，即便是一個小小的職員，他也要求自己做到職員中的菁英。在努力工作的同時，年輕的李嘉誠還不忘在空餘的時間裡充實自己，閱讀書籍一直是他最大的樂趣。然而，當他成立了自己的公司之後，李嘉誠發覺，單靠個人的努力已經不能夠保證公司的正常運轉。於是，他開始嘗試著將自我管理延伸至動態管理。

動態管理指的是企業在運轉的過程中，管理者根據內外部的環境因素的變動來適時地調整企業的經營思路，從而保證企業始終能夠適應內外部環境的變化，以便發展壯大。李嘉誠認為，通往成功的路子有很多，並不見得都用相同的模式，關鍵要看哪種方式能夠把風險降到最低。動態管理的內部因素有很多，其中比較重要的就是對員工以及整個團隊的領導與管理。一個好的領導者就像伯樂一樣能夠選拔出優秀的員工，為企業的發展做出極大的貢獻。而由優秀的員工所組成的團隊更是促進企業發展壯大的重要因素。

在注重對內外部因素進行適時調整的同時，對企業的管理也需要掌握良好的管理藝術。李嘉誠在談到企業的管理藝術時曾經這樣說到槓桿原理：「不知從什麼時候開始，這個概念被簡單地扭曲為四兩撥千斤，教人以小搏大。但聰明的管理者會精確算出支點的位置，因為支點的正確無誤才是取得成果的核心。這門功夫倚仗領導人的專業知識與綜合能力，倚仗其能否洞察出那些看不見的聯繫。今天我們看到，很多公司只注意千斤和四兩的轉化可能而忽視支點的尋找，因過度擴張而陷入困境。」

此外，在找準支點的同時，管理藝術還需要透過新穎的思維來充實。李嘉誠從來不認為自己是一個全能的人，但是他卻能夠以自強不息的精神來不斷提升自我。這裡的自強不息並不是所謂的日日加班和夜夜不息，而是讓自己的思想與時俱進，甚至還要超越時代的某些束縛，具有超前的思維。勇於開拓，勇於創新，這是企業屹立不倒的前提條件。

李嘉誠說過，他不願意做希臘神話中的伊卡羅斯，因為翅膀是由蠟做成的而最終悲慘地摔倒在地上。憑藉自己的管理智慧，李嘉誠將自己原本只有幾個員工的小公司最終發展成為一個擁有二十多萬員工的大型企業，其中的辛酸只有他自己知道。然而，一個企業不是單靠員工與領導者的勤懇工作就能成功的，企業的成功更在於領導者的管理水準。在這方面，李嘉誠管理公司的經驗就給了我們很好的借鑑。

做「仁慈的獅子」

李嘉誠曾經對自己的孫子說：「做人如果可以做到『仁慈的獅子』，就成功了。」獅子是兇惡的肉食動物，在弱肉強食的森林之中，這位在叱吒風雲的國王又怎麼會變得仁慈呢？

顯然，李嘉誠把自己比作了商界的獅子，這一點也不為過。自企業創辦以來，無論經濟形勢呈現怎樣的走向，李嘉誠所帶領的團隊都能夠在順境中大步前行，在逆境中迎難而上。

創辦塑膠廠，李嘉誠成為「塑膠花大王」；踏入地產業，李嘉誠變成「地產大亨」；中評社報導稱，未來的李嘉誠很有可能成為「石油大王」。雖然未必是產業的先行者，然而李嘉誠卻靠著自己多年總結的經商之道，尋找到企業發展的精準支點，在殘酷的競爭中坐上「霸主」的寶座。《遠東商業評論》甚至加封李嘉誠以「超人」的稱號。

作為森林之王，獅子不僅需要具備高出其他動物的力量與膽魄，還需要具有高超的獵捕技術。做人也是一樣，想要做人上人，那除了保證自己具有良好的素質以外，還需要掌握高明的做事藝術。一代富商李嘉誠正是具備了這些特點，所以才成為了商界中的王者。

2007年12月，臺灣的《商業周刊》邀請李嘉誠擔任客座總編輯，向讀者介紹自己成功的秘訣。李嘉誠談到了企業管理的各個主要方面，講了如何才能在這些方面做到最好。無論是人事還是管理，李嘉誠在各個方面都有一套自己的獨特見解。

然而，一提起獅子，人們腦海中立刻就會浮現出一張兇狠的臉、一個血盆大口，還有四隻尖利的爪子。為了生存，森林中的各類動物都具有一技之長，而獅子基於自身無與倫比的優勢成為了林中之王。同樣的，在大魚吃小魚，競爭激烈的商場中，也不乏張著「血盆大口」，只顧「吃肉」的商家。他們只顧自己的利益得失而喪盡天良、用盡手段，像吸血鬼一樣地吸食他人的血汗。這樣的商人能成為王者嗎？答案無疑是否定的，這也是李嘉誠為何告誡孫子要做「仁慈的獅子」的原因。

「行大仁慈，以恤黔首，反桀之事，遂其賢良，順民所喜，遠近歸之」，這是出自《呂氏春秋・簡選》的一段話，說周武王在大敗商紂王之後還能夠選拔敵國的賢良為我所用。他心存仁慈，滿腹氣魄，最後遠近的人們通通都歸順於他。回顧歷史，我們會發現：越是有成就的人，越是受到人民愛戴的人，越是仁慈。他們都是「仁慈的獅子」。

西元208年（建安十三年）秋8月，曹軍大舉南下，此時荊州牧劉表病危，形勢混亂，治下人心惶惶。9月，曹操至新野，此時劉表已去世，其子劉琮舉州投降。此時，劉備屯駐樊城，劉琮不敢將已降曹的消息告訴他。後來，劉備察覺，劉琮才通知劉備。這時曹操大軍已到宛城。

諸葛亮勸劉備乘機併吞劉琮，把荊州控制在手。但劉備念及劉表情意，沒有同意。劉備自知單憑自己的力量是無論如何也抵擋不住曹軍的鋒芒，只得南撤江陵，以作權宜之計。荊州吏民對劉備頗有好感，紛紛隨之南撤，連劉琮的部下也多願跟從，因而隊伍越聚越大，等到達當陽時，「眾十餘萬，輜重數千輛，日行十餘里」。

而曹軍最慢也日行三十里，況曹軍先鋒多為騎兵，不日即可追上行動緩慢的劉備軍民。眼看敵軍逼近，有人勸劉備說：「宜速行保江陵，今雖擁大眾，被甲者少，若曹公兵至，何以拒之？」劉備說：「夫舉大事者，必以人為本，今人歸吾，吾何忍棄去！」劉備仍與眾人緩慢南行。劉備對於「仁」有著比一般人更為深刻的體驗。不管這種體驗是出於內心的自覺還是形勢的需要。正如劉備自己說的那樣「操以暴，吾以仁……每與操相反，事乃可成」。這段話可以概括為劉備的為政為人之道，取勝成功秘訣。放在現今社會，不也如此嗎？

劉備是那個時代的獅子，但他秉承的正是「仁」的思想。愈是居於高位的人，愈應該持有一顆仁慈的心，這在中國古代一直是一種領袖美德。躋身商界的李嘉誠也是如此。除非是對他進行了嚴重人身攻擊，否則，李嘉誠對任何事情都能以平和的心態面對，不跟他人事事較真。李嘉誠的這種修養就源自於他心中的慈悲。在商界的打拚，李嘉誠誠懇待人、誠心做事，從來都不做虧心的生意。李嘉誠的仁慈就是他身上所具有的品質，李嘉誠的仁慈正是中華民族傳統美德的一種延續與體現。

「仁慈的獅子」不僅僅是李嘉誠給自己孫子的箴言，這簡短的五個字也是他總結下來的一筆巨大的人生財富。無論是在商界還是其他行業，作為人上人，作為強者，一定要心存仁慈。李嘉誠雖然身居高位，但他卻能以平和的心態對待身邊的人和事，心懷感恩與仁慈。做一隻獅子，但不做張牙舞爪的獅子；做一位高人，但不做自視清高的人；做一代富商，但不做沒有德行的商人。李嘉誠憑藉自己的勇猛、膽識和仁慈，成為了商界中受人敬重的「獅子王」。

錢可以用，但不可以浪費

易經云：「君子以儉德避難。」1995年8月，李嘉誠在接受香港《文匯報》的訪談時說：「就我個人來講，衣食住行都非常簡樸、簡單，跟三四十年前根本就是一樣，沒有什麼分別。」

三四十年前的李嘉誠，他的事業才剛剛起步，那時候的他如果節儉，是理所應當的。然而，三四十年後的他居然說自己還是跟以前一樣，這就讓人不可思議了。在一般人的眼裡，大多數生活在上層社會中的有錢人都是揮金如土，過著奢侈豪華的生活。可是，我們不能把這種觀念強硬地套在李嘉誠的頭上。其實，作為一代富商的李嘉誠，從年輕到年老，始終保持著勤儉節約的傳統美德。

「一粥一飯，當思來處不易」，李嘉誠對這句話可謂有著深刻的體會。他雖然出身於書香世家，但是由於父親在他十四歲時就離世，所以還處於青年時期李嘉誠就不得不放棄學業，承擔起家庭的重擔。身為長子的李嘉誠從此成了一家人的支柱，他上有身體虛弱的母親，下有年幼的弟弟妹妹，家庭負擔很重。為了照顧一家人的生計，李嘉誠先是跑去茶樓做事，後來又進了鐘錶廠做學徒，之後又做起了五金店的推銷員。與他同齡的孩子都還在讀書，而李嘉誠卻不得不終日奔走，辛勤工作以供家庭之需。

但無論做什麼工作，李嘉誠總是盡到自己的最大努力，做到最好。因為他知道只有勤勉地工作，才能多拿薪水，才有可能讓家人安心。拿到來之不易的薪水後，李嘉誠絕不會亂花，他的一分一毫都花在該用的地方，花在刀口上。在那段難熬的日子裡，就是靠著李嘉誠的勤儉節約，他的家人才有飯吃、有衣穿，生活也才得以安心。

如今請客辦事，哪一個不追求檔次，哪一個不是生怕所請之人玩得不夠盡興。然而，李嘉誠卻從來不請所到之客到奢華的地方享樂。如果公司來了客人，他就吩咐食堂多炒幾道菜，這樣就足夠了。生活中的李嘉誠也是這般節儉。

據《生活時報》報導，李嘉誠一家四口通常情況下都是四菜一湯，在吃飯方面一點都不奢侈。「靜以修身，儉以養德。」李嘉誠不光是在吃飯上面節儉，在其他方面也很節制，從來都不浪費。李嘉誠穿衣服不會追求名牌，只要穿著舒適得體，那他就滿意了。這一點從他平日裡的穿著就可以看出：一套黑色的西服，看起來還有些舊。李嘉誠說自己的衣服有可能穿上十年八載，鞋子同樣如此。穿戴上最能體現李嘉誠節儉的就是他手腕上的星辰（*ITIZEN*）手錶。有一次他還指著自己的手錶對來訪的人說：「你戴的錶要貴重得多，我這個是便宜貨，不到五十美元。它是我工作上用的錶，並非因為我買不起一只更值錢的錶。」的確，高級手錶越來越成為奢侈品的代表，然而在李嘉誠眼中，手錶只具有一個功能，那就是把握時間。

再讓我們看看李嘉誠的住所。李嘉誠在1962年在深水灣購買了一棟獨立洋房，那時候的確算得上是高級房子。幾十年過去了，已然成為香港首富的李嘉誠卻還是住在那棟房子中，在外人眼裡，這似乎有點不合他的身分。然而李嘉誠卻不這麼想，他念舊，他喜歡住老房子，他勤儉的美德讓他不會因為房子的陳舊而再置高級新居。

錢要用在該用的地方，而不是用來買奢侈品的，更不是用來浪費的。巨額的財富固然不是靠節儉省出來的，但是勤儉節約卻會讓財富的擁有者更有修養、更有品質。「克勤於邦，克儉於家」，「儉，德之共也；侈，惡之大也」，「儉節則昌，淫佚則亡」……無數的經典古語告訴我們勤儉節約的重要性，李嘉誠不僅懂得了這些古語的含義，更是身體力行地做到了這一點，做到了不浪費、不奢華。

建立自我，追求無我

在艱辛的生活中磨練意志，李嘉誠在辛勤與勞苦中度過了自己的青年時代。這段時光他沒有白白度過，他在工作中學會了觀察，學會了待人，學會了處事，更加學會了如何謀生。事業剛剛起步的李嘉誠一直在思考，如何讓自己的企業興旺發達？如何讓自己更好地管理企業？李嘉誠憑著自身累積起來的知識與經驗，憑著誠實的品質，和公司與員工共成長。他在工作與生活中建立起了自我，一個優秀的自我。

任何危機都擋不住李嘉誠前進的步伐，他的智慧讓他成為一個強者。李嘉誠是強者，他有著強者的希望，有著強者的理想，有著強者的信念。他在堅強地面對每一次危機時，逐漸建立起一個堅強的自我。終於，他的理想實現了，他的企業成功了。然而，志向有高遠，理想有遠近，企業的成功並不能阻礙李嘉誠思想的再次昇華。如果說李嘉誠之前想的還是如何讓公司發展得更好之類的問題，已到而立之年的李嘉誠，思想卻如騰雲駕霧一般，在高空中呼喚風雨的再次洗禮。

2005年9月25日，人們從李嘉誠的口中聽到了他無我的理想：「我相信有理想的人富有傲骨和誠信，而愚昧的人往往被傲慢和假象所蒙蔽。強者的有為，關鍵在我們能否憑仗自己的意志堅持我們正確的理想和原則；憑仗我們的毅力實踐信念、責任和義務，運用我們的知識創造豐盛精神和富足的家園；我們能否將自己生命的智慧和力量，融入我們的文化，使它在瞬息萬變的世界中能歷久彌新；我們能否貢獻於我們深愛的民族，為它締造更大的快樂、福祉、繁榮和非凡的未來。」

一個人需要經歷多少歲月才能一步步地從建立自我走向追求無我？多數的中國人在自我的面前駐足，健康、平安以及家庭的和睦，這些已是我們追求的最高目標。然而，讓美國強大起來的民族精神卻是建立自我、追求無我。的確，達到無我的境界需要經受更多的歷練與磨難。大愛無邊，也正是如此。李嘉誠對無我境界的追求更顯示出他一代巨賈的風範。

在汕頭大學與學子們的交流點燃了李嘉誠的熱情，他意猶未盡地用詩一般的話語激勵著青年人。情詞懇切之中，我們似乎感受了一種平淡卻又超乎尋常的精神境界，那是李嘉誠追求無我的精神境界。

「當你們夢想偉大成功的時候，你有沒有刻苦的準備？當你們有野心做領袖的時候，你有沒有服務於人的謙恭？我們常常都想有所獲得，但我們有沒有付出的情操？我們都希望別人聽到自己的聲音，我們有沒有耐心聆聽別人？每一個人都希望自己快樂，我們對失落、悲傷的人有沒有憐憫？每一個人都希望站在人前，但我們是否知道什麼時候甘為人後？你們都知道自己在追求什麼，你們知道自己需要什麼嗎？我們常常只希望改變別人，我們知道什麼時候改變自己嗎？每一個人都懂得批判別人，但不是每一個人都知道怎樣自我反省。大家都看重面子，*but do you know honor*？大家都希望擁有財富，但你知道財富的意義嗎？各位同學，相信你們都有各種激情，但你知不知道什麼是愛？」

內心的強大才是真正的強大，內心的偉岸才是真正的偉岸。企業如何屹立不倒，民族何如長盛不衰，李嘉誠充滿了為此理想而奮鬥的激情。他「建立自我，追求無我」的精神理念不僅是督促自身向前邁步的動力，同時也與所有的青年人，與所有的中國人共勉。

第十一章 人生以和諧為主

——家和萬事興，金錢難買感情

李嘉誠如是說：

◆一個人累了應該休息，這是一種享受而絕無恐懼。

◆作為父母，讓孩子在十五、六歲就遠離家鄉，遠離親人，隻身到外地去求學深造，當然是有些於心不忍，但是為了他們的將來，就是再不忍心也要忍心。

◆在兒子入大學之前，我每週日均拒絕所有應酬，帶他們到一艘絕不豪華的小遊艇上去，好處是跟他們說道理，他們也無處可逃。他們一定要聽我講話，我帶著書本，是文言文的那種，解釋給他們聽，然後問他們問題。我想，到今天他們也未必看得懂，但那些是中國人最寶貴的經驗和做人的宗旨。

生活簡單，心態端正

「我個人對生活一無所求，吃住都十分簡單，上天給我的恩賜，我並沒多要財產的奢求。假如此生能做多點對人類、民族、國家長治久安有益的事，我是樂此不疲的。」

而暮之年的李嘉誠喜歡簡單的生活，他覺得只有簡單的生活才能給人最快樂的東西。李嘉誠早上喜歡去打高爾夫，空閒時就跟家人和孩子聊天。談起自己的孫兒，李嘉誠說：「我們感情很好的，但玩耍之中我還是比較嚴格，不對的時候照樣會說他們的。我比較希望，無論孫子或是兒子，都是希望他們成才，百分之八十的時間和他們一起，都是和他們講做人的宗旨，很少講生意。」

當被記者問及有沒有什麼休閒活動時，李嘉誠坦言自己比較忙，假期非常少。真的碰上休假，他就會乘船出海，有時候也會在沙灘上享受陽光，或是漫步，或是在海中游泳。李嘉誠對登山也有著很濃的興致，他喜歡登到峰頂欣賞美景的感覺。

與其他富豪驕奢的生活相比，李嘉誠數十年如一日的簡單生活更讓我們佩服。一位首富，居然能做到在生活中凡事從簡，實為不易。李嘉誠對自己的生活非常滿意，他解釋道：「你如果看到我吃又簡單，生活簡單到一百個人當中，我敢大膽講一句，我是最簡單的，衣食住行都是簡單。只要你自己內心有個世界，人家亂講你亂攻擊你，你一笑置之，笑這些人無知。我的世界很闊，才能令我有這種精神，支持我對五十一個國家和地區的生意都這麼投入。我一心一意過自己的生活，是一個正常人的生活。」這就是李嘉誠的人生哲學，這樣簡單的生活豈不比紙醉金迷更富有意義？

步入老年的李嘉誠，經常會被人問到關於退休的問題，對此，李嘉誠的心態非常平穩。他稱自己還沒有退休的打算：「大家同事都做得好開心，合作好愉快。工作有時做了，停下來反而不會習慣，除非是體力支持不了。目前我健康非常好，我現在做得很*fine*，精力很好啊，目前還是*full speed*（全速）！我坦白講，就算我這一秒鐘不回香港，香港的生意也一定*continue nicely*（繼續很好），全世界都是！」「我完全沒有退休計畫，我是一個真正的*acting chairman*（代理主席）！」

雖然李嘉誠還不想退休，但是年齡終歸不饒人，不過只要心態端正，即便退休了也有有意義的事情可做。李嘉誠自己也深刻地認識到這一點：「沒有退休的，只是先退了生意方面，全力去做基金的事。我自己來講，人生的最後計畫，只要腦根清醒，我會做我的基金。」

沒錯，他想做自己的基金，他想為人民造福。「人生求什麼呢？我最想做的就是在這個世上種多些好的種子，最大的目的就是有利股東的利益，能夠為股東創造更多的財富，讓他們認為投資在長江那裡不失落。其他就是我賺的所有的錢，利世上，尤其是中華民族的地方。」李嘉誠有著深遠的理想，他希望在有生之年為祖國和人民做更多的貢獻，這不是虛華之詞，這是他的誠心、是他發自內心的真實想法。

「我在全世界都有很多很好的員工，非常好的，亦都跟了我好多年，大家都很負責！」在事業上，腰纏萬貫的李嘉誠其實並不覺得長江實業是自己一個人的，他十分感謝自己的員工，認為沒有優秀的員工就沒有今天的李嘉誠。在談到是否想讓兒子繼承父業時，李嘉誠說要根據他們自己的決定，因為孩子們各自的事業都發展得很好。

看來，無論是生活上還是事業上，李嘉誠都看得非常清楚，也看得很開。他說：「其實我自己內心的天地才是令我最高興，你有內心的天地，那種闊是闊到世界沒有任何東西可以比的。」李嘉誠追求內心的享受，而不是物質上的，好像商界中的藝術家，李嘉誠擁有豐富的內心世界，那裡才是他真正的精神天地。

百善孝為先

「百善孝為先，萬惡淫為源。常存仁孝心，則天下凡不可為者，皆不忍為，所以孝居百行之先。」世間善事以孝敬為首位，世間惡事以淫為根源。心中常懷著仁孝的人，對於那些不該做的事都會不忍心去做，所以孝道是其他行為的領導。沒有多少人知道《圍爐夜話》（清人王永彬著），然而「百善孝為先」卻出自於此。因為這是最基本的、最根本的人倫與共識，所以數千字的《圍爐夜話》抵不過一句「百善孝為先」。

由於父親離世，家裡的一切不得不靠著母親和李嘉誠來照顧，特別是體質衰弱的母親，更是成了李嘉誠和弟弟妹妹的精神支柱。母親的一言一行李嘉誠都看在眼裡，年少的他早已默默地下定決心：等將來條件好了，一定要好好地孝敬母親。生活處於困難時期的李嘉誠，每天拚命地工作，為的就是多賺點錢，讓母親不用那麼操勞，不那麼辛苦。

隨著李嘉誠的事業逐日升溫，他對母親的孝敬也是一日更比一日深。為了更好地孝敬母親，也為了能夠讓母親安享晚年，事業有成的李嘉誠購置了一座花園別墅讓母親居住。雖然李嘉誠終日為自己的事業奔忙，但是他還是會在百忙之中騰出時間去拜見自己的母親，聆聽母親的訴說和教誨。不僅如此，李嘉誠還在家鄉整修開元護國禪寺，並且多次以母親的名義進行捐贈。

仔細分析「孝」字的寫法，我們會看到，上面一個「老」，下面一個「子」。子在下，老在上，意為子女背負父母。這是長幼尊卑的次序，是天之經、地之義。李嘉誠如果收到了一些母親愛吃的食品，那他一定會畢恭畢敬地先為母親奉上。李嘉誠如同照顧自己的孩子一般孝敬著母親，他的孝敬之心讓員工們更加對其尊重了。

孟子在描述他心中的理想社會時說道：「老吾老以及人之老，幼吾幼以及人之幼。」意思是在贍養自己父母的同時也能對別人的父母加以孝敬，在撫育自己孩子的同時也能對他人的孩子加以照顧。李嘉誠深知這一點，對於公司的員工，他都以仁愛之心加以呵護。特別是那些老員工們，李嘉誠更是照顧有加，很少會裁員或是換人。員工們也因此而更加努力地工作，以回報李嘉誠的恩待。

生命可遇而不可求。父母不但給了我們生命，而且還不辭辛勞地撫育我們成人。如果沒有父母的養育，小樹苗就不可能長成參天大樹。同樣的，如果在困苦的時候沒有母親的支撐，李嘉誠也不會成為今天的香港首富。司馬遷在《史記・屈原賈生列傳》中講：「夫天者，人之始也；父母者，人之本也。人窮則反本，故勞苦倦極，未嘗不呼天也；疾痛慘怛，未嘗不呼父母也。」父母是天，是我們生命之中最強而有力的支柱。假如一個人連自己的父母都不敬重，那麼我們還能指望他去愛戴他人嗎？

孝道是中華民族的傳統美德，是一種穩定倫常關係的表現。孝即是寬容，而這寬容之心又可以擴展到更遠的範圍。李嘉誠用自己的孝心感染著公司中上上下下的員工，這種孝心最終成為公司中所有員工的凝聚點。這個凝聚點發散開來，它不僅是孝心，更是善心、愛心，是仁義，是道德，是李嘉誠的管理之道。對父母盡孝，不是讓孩子用私心維護自己的家庭。相反，孝道就是從身邊的事情做起，由孝敬自己的父母擴展到尊敬其他老者。這種由近及遠、由易到難的做法，可以讓我們的仁愛之心日益飽滿，最終達到心有大愛的境界。這正是李嘉誠所追求的無我之大愛、無我之精神。

堅守愛情，忠貞不渝

風雲變幻越來越猛烈，世俗觀念輪轉的速度也越來越飛快，經濟可以被摧垮，政壇可以被更迭，任何事物都可能被新的觀念所替代，唯獨愛情亙古不變，成為世人歌頌和嚮往的永恆意念。然而，多元化的社會打造了多元化的人類，有人對愛情忠貞不渝，也有人在騰飛之後拋棄了糟糠之妻，難怪孔老夫子也發了感嘆：「食色，性也。」

2008年臺灣首富郭臺銘在夫人去世之後迎娶了自己的第二任太太，不過首富就是首富，在已故妻子林淑如的墓前，郭臺銘說：「Serena在我心中永遠是第一，雖然現在有人來接班，但她永遠是第二。」

糟糠之妻不下堂，身為首富的郭臺銘能夠在續弦之後做出如此舉動，令人讚嘆。可是現代社會中又有多少人牢記了這句古訓？有多少人能對愛情忠貞不貳？但是，身為香港首富李嘉誠明白：因為有了妻子莊月明，所以才有了他的今天。

李嘉誠與妻子莊月明可謂是青梅竹馬，兩小無猜。李嘉誠的父親李雲經，在日本對中國發起全面進攻的時候便帶著一家人逃亡到香港，投靠李嘉誠母親的弟弟莊靜庵。李嘉誠就是在這個名門望族之中遇到了莊月明，她是莊靜庵的女兒。

當時的李嘉誠還是一個毛小子，雖然貧窮，但是月明並沒有嫌棄表哥，反而教李嘉誠學說香港話，李嘉誠也教給月明一些古典詩詞。與表妹月明相處的那段時間是李嘉誠童年記憶中最美好的時光。

不久後，李嘉誠的父親因病去世，在臨終前，父親對李嘉誠說：「求人不如求己。吃得苦中苦，方為人上人。失意時莫灰心，得意時莫忘形。」

當時的李嘉誠才十五歲，面對父親的突然離世，他決心自己奮鬥出一番事業，讓李家興旺。李嘉誠的舅舅莊靜庵是當時香港鐘錶行業的傑出者，但是李嘉誠卻希望靠自己的努力贏得未來。李嘉誠為事業打拚的途中鋪滿了荊棘，與他相反，表妹的道路卻一帆風順。然而莊月明卻始終對表哥不離不棄，在精神上支持著他。相互鼓勵之中，兩人終於由朋友、親人的關係發展至親密戀人。

李嘉誠的事業變得越來越順。1963年，原本不同意二人結婚的母親與舅舅也終於認可了這對青梅竹馬的鴛鴦。這個時候李嘉誠已經三十五歲，而莊月明也是三十一歲了。結婚後的李嘉誠為了讓妻子瞭解他的一片癡心，便在深水灣購得了一座花園別墅。這棟洋房花掉了他六十三萬港幣，對於當時的李嘉誠來說也是一個不小的數字。

婚後夫妻二人的感情越來越好，妻子也在不久後加入了李嘉誠的長江工業公司，由於工作能力突出，同樣受到了公司員工的敬重。

1972年，李嘉誠的「長江實業」上市，這是他在事業上的一個大轉機，妻子莊月明出任執行董事。在工作中，妻子給予了李嘉誠不小的幫助。可以說，沒有妻子莊月明，就沒有李嘉誠的長江實業。

事業如日中天的李嘉誠對妻子的愛也是一天比一天深厚。1989年12月31日，二人同時參加了君悅酒店的迎新年宴會，成為整場宴會的焦點。然而，就在第二天的下午，妻子莊月明因心臟病突發而去世。享年五十八歲。

失去妻子後的李嘉誠悲痛萬分，為了表示對妻子的深情，也為了堅守自己的愛情，李嘉誠發誓永不續弦。

是否有錢並不是衡量一個人成就大小的唯一標準，然而能否堅守愛情卻從來是人們對一個人人品修養的評價原則之一。自古以來，重情重義的好男兒總是為人們廣為稱道的。

潔身自好一身清

商界中的誘惑實在是太大了，不過李嘉誠在這莫測的環境中卻能夠為自己留一方淨土，獲得一份清靜。修身養性最重要的莫過於減少對物質的欲望，李嘉誠雖為香港首富，然而他的境界已經上升到為人民造福，而不是沉迷於自身的享樂。對物質的過分追求最終會走向貪婪，相反，清心寡欲才能如仙人一般生活。

商場如戰場，競爭的激烈讓不少人鋌而走險，為了獲得錢財而喪失了自己的良心。李嘉誠深知不法經營會給人民帶來多大的災難，也知道這種做法對企業的發展來說是致命的打擊。做生意至今，李嘉誠始終遠離不法行為，他的良心和道義告訴自己：「有些生意，無論有多少錢給我賺我都不賺；有些生意，已經知道是對人有害，就算社會容許做，我也不做。」李嘉誠捨棄了不義之財，換來的是大家給予他「潔身自好一身清」的稱讚。

戰國時期，楚國的屈原因為不願與朝中的貪官同流合污，不幸遭人陷害而流放異鄉。一天，屈原來到湘江邊，心中仍舊對祖國念念不忘。一位漁夫認出了他，漁夫說：「您不是屈大夫嗎？怎麼淪落到這個地步？」

屈原答：「世道如江水一般污濁，而我卻如同山泉一般清澈。」

漁夫又問：「既然世道渾濁，那麼你只要攪動泥沙就可以推波助瀾，為什麼不這麼做呢？」

屈原無奈：「一個人在洗乾淨頭後戴帽時，首先要把帽子上的灰塵彈掉；在洗澡後穿衣服時，也要把衣服上的污漬洗淨。我又怎能讓自己潔淨的身軀受到污染呢？」

漁夫聽後被屈原潔身自好的品質所打動，不再追問，唱著歌離去了。

香港人一直都管李嘉誠叫「超人」，然而李嘉誠自己卻始終不承認，他覺得自己不過是普普通通的一個平常人。其實李嘉誠對榮譽並不看重，他看重的是自己的清譽。他認為，哪怕是小小的不檢點都會給名譽帶來損害，這種名譽上的損害隨後就會威脅到企業的信譽。跟屈原注重品性的潔淨一樣，李嘉誠對潔身自好的品質也有著強烈的追求。

在商海的浮塵中保持清譽是件不易之事，有太多原本廉潔的人在環境的招惹下也最終走向了墮落。把持不住自己還在於修行不夠境界，顯然，李嘉誠之所以能不同流合污，還在於他一直以來的潛心修練。為人處世，難得以平和的心態去面對。世間萬物都有其自身的內在規律，如果人為的痕跡過於明顯，那麼就很容遭到暴露。正所謂「心底無私天地寬」，李嘉誠的清譽是他努力不受塵埃招惹的成果。

《孟子・萬章上》曰：「歸潔其身而已矣。」除了在生意上不沾染污穢，在生活作風上，李嘉誠也是一身正氣。在香港，富商與女明星的緋聞十分頻繁，然而李嘉誠卻向來對女明星們敬而遠之。甚至還有一家報社聲稱，如果哪位女明星能夠出示她與李嘉誠的合照，那麼就以四十萬港幣的價格買下這張照片。遺憾的是，至今也沒有誰能夠獲得這四十萬的賞金。

李嘉誠的潔身自好來源於父母的教導，他的父親李雲經就是一位育人的教師，李嘉誠因此從小就受到傳統儒學的薰陶，深得中華民族傳統美德之精髓。父母親給予李嘉誠的諄諄教誨，李嘉誠一日都不敢忘懷，這些教誨就是他日後行事時留於心間的一桿秤，時時刻刻讓自己警醒。

有捨才有得。李嘉誠的潔身自好不僅為自己贏得了清譽的美名，受到了各方的尊重，他的品質同時也是企業的一份重要資產。就是看重了李嘉誠的信譽，許許多多商家都想要與其合作。不與人爭搶，從大智慧上看來，是退一步海闊天空；這種表面上的隱退卻能在將來轉化為強大的前進動力，最終達到沒有人能與之爭搶的境界。看來，對不良作風的捨棄實際上卻為李嘉誠贏來了更多的財富。

玉不琢不成器

李嘉誠曾經在汕頭大學講道：「教育不應該只是一紙文憑或僅是一個學位，教育是掌握人生的導航器，是一個發現世界和發現自我的旅程，專業知識、語言能力、創意和慎思明辨的思維互相構成了一個平臺，讓我們可以懷著熱誠和穩定的心態爭取成就，服務社會、民族和國家。正因如此，教育是一切傳統和進步，尊嚴和智慧的基石，知識可以改變命運，這就是教育的承諾。」

從上面一段話，我們可以看出李嘉誠對教育的重視和熱誠。歐陽修《誨學說》中有載：「玉不琢，不成器；人不學，不知道。然玉之為物，有不變之長德，雖不琢以為器，而猶不害為玉也。人之性，因物則遷，不學，則捨君子而為小人，可不念哉？」意思是：如果不對玉石進行雕琢，那麼它們就不可能變為器物；同樣，如果人不學習，也就不懂得道理。不過玉這樣的東西有著自己恆久不變的特性，即便是不對其進行雕飾，它也還是玉。然而人就不同了，由於人性容易受到外界事物的影響，所以不學習的人就會捨棄君子不做，而做小人。這難道還不值得我們深思嗎？李嘉誠在自己的家鄉創辦汕頭大學，可見他對教育懷有怎樣的敬仰之情。

李嘉誠有兩個兒子，長子取名李澤鉅，次子名為李澤楷。在教育子女方面，李嘉誠有著自己獨到的見解。為了培養兩個兒子獨立的人格，在他們八九歲的時候，李嘉誠就讓兒子參加公司的董事會。兩個兒子不僅是在旁邊聽大人們講話，李嘉誠還讓他們發表自己的意見，參與討論。李嘉誠這樣做的目的主要是想讓兒子學習到誠信經商的好品質。

李嘉誠說：「如果子孫是優秀的，他們必定有志氣，選擇憑實力去獨闖天下。反言之，如果子孫沒有出息，享樂，好逸惡勞，存在著依賴心理，動輒搬出家父是某某，子憑父貴。那麼留給他們萬貫家財只會助長他們貪圖享受、驕奢淫逸的惡習，最後不但一無所成，反而成了名副其實的紈絝子弟，甚至還會變成危害社會的蛀蟲。如果是這樣的話，豈不是害了他們嗎？」

秉承自己的理念，李嘉誠親身教導自己的兩個兒子，用自己端正的品行去感染他們。身為巨賈，李嘉誠卻帶著兩個兒子出門擠巴士，很少讓他們乘坐私家車。有一次李嘉誠帶著兩個孩子外出，看到路邊有個賣報紙的小女孩正在專心讀書，李嘉誠便叫孩子們學習小女孩認真的學習態度。孩子不理解父親為何要讓他們擠巴士，對此很是不滿。李嘉誠就笑著對他們說：「在電車、巴士上，你們能見到不同職業、不同階層的人，讓你能夠看到平凡的生活、最普通的人，那才是真實的生活，真實的社會；而坐在私家車裡，你什麼都看不到，什麼也不會懂得。」明白道理的兩個兒子從此便樂於坐公共汽車了。

在李嘉誠的悉心教導之下，兩個兒子都非常優秀，他們以優異的成績拿到了美國史丹佛大學的碩士學位。孩子們原本想著要進父親的公司一展宏圖，可是李嘉誠卻把他們拒之門外。李嘉誠說：「我的公司不需要你們！還是你們自己去打江山，讓實踐證明你們是否合格到我公司來任職。」在父親的鞭策下，兩個孩子分別都做出了自己的事業，成了出類拔萃的人物。

「對於澤鉅和澤楷，我沒有一般中國人一定要子孫繼承事業的想法。但是，我也會給他們機會，給他們創造繼續發展的良好條件，如果最後他們的能力確實無法勝任，那麼我認為企業可以繼續發展，只是無須李家管理。一個真正優質的企業，只有組織正確，有一套健全的制度和科學的管理，才能生存並繼續向前發展。」

作為商人的李嘉誠，無疑是成功的佼佼者；而作為父親的李嘉誠，同樣也是成功的。

和諧：與人方便則自己方便

在李嘉誠的身上，集中了中西兩套倫理觀念的精華。李嘉誠曾多次聲稱，他素來不主張古老的家族性統治，而更看重西方公眾公司的一套。公司首腦由董事股東選舉產生，而非父傳子承。這樣方可保持活力。如果他的兒子不行，不會考慮讓他們接班。他不在乎是家族內還是家族外的人秉掌大權。

按照中國的傳統觀念，子承父業天經地義。李嘉誠的觀念分明已經超越了時空和民族，充分顯示出他冷靜而理智的一面。而他的冷靜和理智更為他自己贏得了大筆的財富和好名聲。

1992年1月，中泰宣佈第三次集資計畫，配售11.68億新股，集資25億港元，用以收購未持有的恆昌64%股權。榮智健突然向其他股東全面收購，市場議論紛紛，有人說榮過橋拍板，有人說事先與李嘉誠等通過氣。李嘉誠極為爽快地接受了榮智健的收購條件，將手中所持恆昌股作價15億港元售予榮智健。恆昌一役，李嘉誠名利雙收，既贏得幫襯榮公子的名聲，又獲得實惠——售股贏利2.3億港元。榮智健完成全面收購後，中泰不僅成為紅籌股（中資股與國企股的統稱），還於1993年上半年進入藍籌股（恆生指數成分股，由純種上市公司股標編算恆指，均為各類上市公司的代表股票）。

李嘉誠與榮智健聯手合作，成為股市佳話。「與人方便，自己方便。」既讓朋友賺了錢，自己也有得賺，這樣的事，李嘉誠最樂意做，也經常做。這一方面襯映出其仁和之心，另一方面也反映出李嘉誠通曉大義、長袖善舞、料機運謀、長久發達的深謀遠慮。

在這場香港有史以來最大金額的收購戰中，李嘉誠審時度勢，伺機出擊，再次顯示出超人風範。沉得住氣，是李嘉誠強烈鮮明的個性。有人評論說，李嘉誠的「耐」功爐火純青，已成為他以靜制動、出其不意、百戰不殆的制勝法寶。

李嘉誠曾多次對記者說：「作為炎黃子孫，必須奮鬥自強，發達不忘家國，來日必以報效桑梓……」「一輩子做對中國人民有益的事，乃是我的基本夙願。」他用一句很浪漫也很世俗的話表白他對祖國的赤誠：「我多想挖到一個金礦，貢獻給國家啊！」

1978年，他應邀到北京參加國慶觀禮，親自看到了偉大祖國所發生的根本變化，百感交集地說：「月是故鄉明。我愛祖國，思念故鄉。能為國家為鄉里盡點心力，我是引以為榮的。」他還說：「人的一生應該為國家、民族和人類做一些高尚有益的事情。」「生命對於人來說只有一次。一個人當他在生命的最後幾分鐘，想到曾為國家、民族、社會做過一些好事，也就心滿意足、死而無憾了。」

1979年，他回到闊別40年的故鄉。談起當年背井離鄉時的情景，他說：「我永遠不能忘懷潮州淪陷的苦難歲月，我是與弟妹隨父母輾轉逃難到香港的。」他回鄉時，「文革」動亂結束不久，國家經濟亟待振興，潮州當然也處於貧窮落後的狀態。他看到站在道路兩旁歡迎他歸來的父老鄉親們，許多人衣衫襤褸，家鄉的房舍大都破舊，心裡百感交集。在潮州市政府舉辦的招待會上，他談起這些情景，含著眼淚說：「我心裡很不好受，心痛得說不出話來。說真的，那一刻，我真想哭。」

那一夜，李嘉誠思緒萬千，無法入睡。也許就從那一夜起，他就許下心願：現在是實實在在回報的時候了。李嘉誠先生對家鄉從捐建民房、醫院，設立教育、衛生基金，到捐建韓江大橋、潮汕及潮州體育館，到修建開元古寺等，莫不寄託了「赤子心，桑梓情」。他說：「當完成這些承諾時，那種興奮的感覺，是難以形容的……」尤其令人敬佩的是，每有所贈，他都一再申明：「所有我捐建的建築物和贈品，都不要寫我的名字！我個人是不求名的。」這一善舉充分表現了李嘉誠熱愛家鄉，熱愛人民的熾熱感情。

心中有桿秤，寸草報春暉

如今的李嘉誠，旗下已經擁有四家公司。2009年，長江實業總市值約為10000億港元。在取得成就的同時，李嘉誠不忘給予其恩情的祖國回饋，他始終盡著自己的力量，想要為祖國的發展做出一點貢獻。2009年4月22日，李嘉誠旗下的長江集團、和記黃埔聯合向2010年上海世博會中國館捐贈人民幣一億元。

「誰言寸草心，報得三春暉。」子女微薄的孝心報答不了父母的養育之恩，雖然在外人看來，李嘉誠已經做得很好了，然而李嘉誠卻從來都只覺得自己對祖國的發展盡到的只是綿力。「我目睹祖國之高速進步，在四個現代化政策的推動之下，一切欣欣向榮，深感雀躍；支撐國家建設，報效桑梓，此乃本人畢生奮鬥之宗旨！鄉中若有何有助於鄉梓福利等事，我甚願盡其綿薄。」

李嘉誠出身於教育之家，父親的願望也是能為教育做出貢獻。事業有成的李嘉誠為了彌補自己沒有讀到書的遺憾，也為了為祖國的教育事業盡一些心意，他決意在自己的家鄉創辦汕頭大學。李嘉誠說：「我開始創業的時候，原來打算做三年後再從頭念書，但現實環境有所改變，我當然有點傷心。但我後來想通了，就是我一個人做醫生也不過是一個人，假如我的事業成功，我可能每一年也培養了一兩百個醫生，結果會更加好。這目標我達到了！」

其實，在創辦汕頭大學期間，由於金融危機的影響，李嘉誠也面臨著巨大的壓力與考驗。在大家都認為汕頭大學建不成的時候，李嘉誠提筆致信，讓公眾放心：「近年世界經濟衰退影響所及，長實也面臨著極大的困難。各行業倒閉及虧損者甚多，經濟損失十分嚴重。上述捐贈，在個人今後數年之現金收入，已達飽和。但鑑於汕大創辦成功與否，較之其他一切得失更為重要，而站在國民立場，能在此適當時間，為國家盡心盡力，即使可能面對較為困難的經濟情況，我們也一定要做這件有重大意義的事情。」

汕頭大學是李嘉誠一生的最大心願，他自己也說：「我把一生的心血都放在汕大上了。說句心裡話，汕大是我一生最大同時也是最重要的一件大事，為了汕大我付出了不少心血，為了汕大我破釜沉舟。」

為此事，鄧小平對李嘉誠說道：「你為祖國做出的傑出貢獻，我和香港領導人是理解的，中國人民是理解的，我代表全國人民表示感謝。」

面對如此重謝，李嘉誠謙虛地回答：「辦汕頭大學是我人生最重要的事，發展教育事業對於促進祖國科學技術水準的提高是非常重要的，我願為此而努力。許多華僑和外國人士願意為汕頭大學的建設貢獻力量，希望這所學校對外更加開放一點。」包括長江商學院在內，自1981年創辦汕頭大學以來，李嘉誠已經投資超過三十三億港幣。

除了創辦汕頭大學，李嘉誠還為祖國做出了很多貢獻，捐款、行善，李嘉誠事事踴躍，受到國內一致好評。1997年，北京大學一百年校慶之際，李嘉誠基金會向北京大學圖書館捐贈一千萬美元，支援圖書館的建設。在四川發生重大地震之後，李嘉誠立即以基金名義捐款三千萬人民幣。看到災區同胞正在困難之中掙扎，李嘉誠潸然淚下，後又以基金會名義捐款四千萬元，另外長江集團、和記黃埔集團也各捐贈三千萬元，共計人民幣一億元。

「我是一個中國人，一個普通的中國人，作為一個中國人對祖國應盡此責任。」在香港居住多年的李嘉誠始終不忘自己是一個中國人，時刻提醒著自己要支援國家的建設，要報效桑梓。身為富商的李嘉誠，其心中始終有著一桿秤，不忘祖國，不忘百姓。

第十二章 富貴不忘本

——內心真富貴，德財智儒兼備

李嘉誠如是說：

◆人生在世，如果在自己能力所及時，對社會有所貢獻，同時為無助的人尋求及建立較好的生活，我會感到很有意義，並視此為終生不渝的職志。

◆一個人當他在生命的最後一刻，想到曾為國家、社會做些過一些好事時也就心滿意足了。

◆我是中國人，我希望能夠盡到一個中國人應該有的責任，做到對教育、醫療事業有一點貢獻，我就心滿意足了。

◆財富不是單單用金錢來比擬的。衡量財富就是我所講的，內心的富貴才是財富。所有建築物和贈品，都不要寫有我的名字！我個人是不求名的。

◆月是故鄉明，我愛祖國，思念故鄉，能為國家為鄉里盡點心力，我是引為榮幸的。

首先是一個人，再是一個商人

李嘉誠是全球華人首富，如此耀眼的光芒被每一個人捕捉。如果能選擇問他一個問題，相信很多人都會說，如何做一個成功的商人？

是的，成功對於一個人太重要了，幾乎每個人拚搏都是為了成功。然而李嘉誠面對這個詢問卻說了一句話：「很多傳媒問我，如何做一個成功的商人？其實，我很害怕被人這樣定位。我首先是一個人，再是一個商人。」這就是一個成功者最想說的話。

富不忘本是什麼，不是一句輕易許諾的話，不是一個輕易做的姿態，而是一種精神，一種「發達不忘當年志」的為人精神。

商業上的成功常常讓人羨慕，然而人們卻忽略了成功背後的堅持，沒有這種堅持，相信其一再有錢也會被人們斥之為糞土。內心真富貴，才能行事有方寸。李嘉誠之所以每年都在捐資辦學助殘疾人幫貧人，用自己的財富回餽社會，並非是一個假意做榜樣的行徑，而是自己作為一個人心中真正的呼聲。這是多麼珍貴啊。

對收購，他不是財大氣粗了就目中無人。對收購方，無論成與不成，李嘉誠都能使對方心悅誠服。如果收購成功，他不會像許多老闆那樣，進行全面式的人事改組和拆骨式的資產調整，他會盡可能地挽留被收購企業的高層管理人員，照顧小股東的利益，因此被收購公司不會處於動盪不安的狀態。如果收購不成，他也不會以自己所持股權作為要價的籌碼相要脅，逼迫對方開出高價贖購，生意不成仁義在。

對股東，李嘉誠出任十餘家公司的董事長或董事，但他把所有的董事年薪全部歸入長實公司帳上，歸大家所有。他自己全年只拿5000港元，一直如此。5000港元的董事袍金，還不及長實公司一個清潔工二十世紀80年代的年收入。以80年代的水準，像長實這樣贏利極佳的大公司董事局主席，一年最少也有數百萬港元薪水。李嘉誠的大商人風範贏得了公司股東的一致好感，這不僅僅是一個商人的成功，更是一個人的成功，是十分不易的。

萬通地產集團董事長馮侖對此深有體會：「李嘉誠是華人世界的財富狀元，也是大陸商人的偶像。大家可以想像，這樣的人會怎麼樣？一般偉大的人物都會等大家到來坐好，然後才會緩緩過來，講幾句話，如果要吃飯，他一定坐在主桌，我們企業界20多人中相對偉大的人會坐在他邊上，其餘人坐在其他桌。飯還沒有吃完，李大爺就應該走了。如果他是這樣，我們也不會怪他，因為他是偉大的人。

「但是，我非常感動和意外的是，我們開電梯門的時候，李先生在門口等我們，然後給我們發名片，這已經出乎我們意料——以李的身家和地位已經不用名片了！但是他像做小買賣一樣給我們發名片。發名片後我們一個人抽了一個簽，這個簽就是一個號，就是我們照相站的位置，是隨便抽的。我當時想為什麼照相還要抽籤，後來才知道，這是用心良苦，為了大家都舒服，否則怎麼站呢？

「抽號照相後又抽個號，說是吃飯的位置，又為大家舒服。最後讓李說幾句，他說也沒有什麼講的，主要和大家見面，後來大家鼓掌讓他講，他就說我把生活當中的一些體會與大家分享吧。然後看著幾個老外，用英語講了幾句，又用粵語講了幾句，把全場的人都照顧到了。

「之後我們就吃飯。我抽到的正好是挨著他隔一個人的位子，我以為可以就近聊天，但吃了一會兒，李起來了，說抱歉我要到那個桌子坐一會兒。後來，我發現他們安排李在每一個桌子坐15分鐘，總共4桌，每桌都只坐15分鐘，正好一小時。

「臨走的時候他說一定要與大家告別握手，每個人都要握到，包括邊上的服務人員，然後又送大家到電梯口，直到電梯關上才走。」

有人會想，李嘉誠的客氣會不會因為他會見的是商人。其實這並不是例外，李嘉誠總是在竭盡所能對任何一個人都保持謙恭，即便是他已經名滿天下，是一個成功得不能再成功的人。2007年，就是《全球商業》雜誌的記者採訪李嘉誠時也受到了禮遇：「在我們抵達之前，他已在會客室等候，見我們抵達，立即站起，掏出名片，雙手遞給我們。笑容讓他的雙眼如同彎月。財富並未在他身上留下刻痕，雖擁霸業，卻無霸氣。」

是的，「每個人一生中都要扮演很多不同的角色。最關鍵的成功方法就是尋找到導航人生的座標。沒有原則的人會飄浮不定。有正確的座標，做什麼角色都可以保持真我，會有不同程度的成就，並且生活得更快樂更精彩。」

真正付出時間做慈善

80年代，擁有雄厚財力的李嘉誠成立慈善基金會，命名為「李嘉誠基金會」。至2010年2月底，基金會已捐出及承諾款項達113億港元。李嘉誠有過少年失學之痛，因此重視教育投資。父親因病去世、自己與肺結核奮戰多年則使他關注醫療。李嘉誠說：「我對教育和醫療的支持，將超越生命的極限。」

1981年，廣東潮汕地區第一所大學汕頭大學，在李嘉誠的資助下成立。李嘉誠從加拿大、香港挖角名師擔任各學院院長。其中的醫學院是中國最優秀的醫學院之一。這種真正付出時間做慈善的行為，和細節化的行動為汕大帶來了生機。不僅如此，李嘉誠還動用他的國際人脈，廣邀名人授課，例如請星巴克咖啡創辦人霍華・舒茲講授商業道德課程。即便是在李嘉誠的公司面臨較大困難時，他也沒有停止對汕頭大學的資助。

在給汕大籌委會的信中，李嘉誠誠摯地寫道：「汕大創辦成功與否，較之生意上及其他一切得失更為重要……即使可能面對較大困難的經濟情況下，也一定要做這件有重大意義的事情。」李嘉誠到汕頭大學訪問時，學生和教職員工對他的愛戴和景仰之情溢於言表。

由此可見，在李嘉誠的眼裡，慈善並非是一件可有可無的事情，而是一件要真正付出時間去做的事情。在面對重大困難時，能夠不為金錢利益而動搖，不故作姿態，不打腫臉充胖子，而是慎重決策，分清輕重，目光長遠，並且平和面對公益事業，捨得並且甘心於投入時間，親自參加建設。這才是慈善的真正意義所在吧！

在汕頭大學之外，香港大學、清華大學FIT未來網際網路研究中心和長江學者獎勵計畫，亦有李嘉誠基金會鉅資捐助的軌跡。2007年，中國殘疾人聯合會與李嘉誠基金會合作的第二期「長江新里程計畫」項目同時開展十萬名殘疾人士安裝義肢、就業計畫；2008年5月，李嘉誠基金會宣佈推出第三輪地震災區支援計畫，全部免費替災區內所有斷肢災民提供義肢裝配服務及輪椅……難以俱述，但從中我們可以看到一個有著毅力與堅持的人，是怎樣為自己所傾心的慈善事業添磚添瓦的。

這遠沒有結束。2003年，李嘉誠做了一個大膽的決定。有人曾經這樣模擬當時的情景：有一段時間裡，七十五歲的李嘉誠為了基金會的未來，徹夜未眠。他年事已高，但他希望基金會能永遠地運作下去。但這需要有一大筆資金做基礎，才能錢滾錢，做更多的事。他陷入沉思：「幾十年的努力工作，每一分一毫都得之不易，都是清白的錢，卻要把這麼多的錢送給你不認識的人。這樣做值不值得？」

在李嘉誠的內心天平上，一端是他的骨肉至親，他一定不要下一代經歷他曾經經歷過的苦難；另一端是可實現他認為很重要的善事。他非常矛盾。像47年前的那個夜晚一樣，李嘉誠再一次大徹大悟：「我現在有兩個兒子，如果，我不是有兩個兒子，而是有三個兒子，我是不是也要給第三個兒子一份財產？」只要將基金會視為第三個兒子，財產分三分之一給基金會，就理所當然。「這個思想上的突破，讓我開心了很多天！那種安慰、愉快的感覺，實在是筆墨難以形容！」

2006年，李嘉誠宣佈捐出三分之一財產給基金會後，他跟家人說：「我一生可以成立這樣規模的基金會，心裡絕對不會惋惜。捐出來，是高高興興捐出來，去做，也是高高興興去做，一點都不會後悔。」

在李嘉誠的一生裡，財富是其攀登的一個頂峰，然而不是終極目標。只有公益事業，似乎才是李嘉誠拚其一生都在進行的事業。他不單做慈善，更是身體力行地付出時間做，從而極大地提高了慈善事業存在的價值。這才是一位真正的慈善家應該做的事情吧！

2005年1月20日，法國總統希拉克在巴黎總統府愛麗舍宮為李嘉誠頒授法國榮譽軍團司令勳章，表彰他多年來對社會的奉獻、對人道精神的承擔和對中國大陸、香港和法國之間文化交流的支持。希拉克對李嘉誠說：「你的慷慨是舉世公認的，對法國也不例外。」這是一句真正的褒獎。

猶太人也認為，提供幫助是「富人的責任」，獲得幫助是「窮人的權利」。在長期流亡的艱苦歲月中，猶太富人往往自覺地替窮人掏腰包，接濟貧窮在猶太人中成為一種社會習慣。《塔木德》中這樣記載著：「有錢是好事，但是知道如何使用更好。」這些傳統激勵著猶太富人總是熱衷於捐助公益事業。

猶太人洛克菲勒成為當時世界首富的時候，別人勸他把這些錢留給他的孩子們，洛克菲勒回答：「這些錢是從大眾那裡來的，因此也應該回到大眾那裡去，到它們應該發揮作用的地方去。」

洛克菲勒成立了以自己名字命名的洛克菲勒基金會，他幫助成千上萬食不果腹的孩子，讓他們可以吃飽，讓他們上學接受教育，讓他們成為對社會有用的人。他主要投資在醫療教育和公共衛生上面。他的基金會先後投資達數億美元，是世界上最大的慈善機構。

提供幫助不僅僅是富人的責任，無論你是貧還是富，只要你能夠幫助到別人，就不應該吝嗇自己的善心。普通人也可以成為令人尊敬的慈善家。

這一類的故事和比爾·蓋茲捐出家產、李嘉誠捐出家產一樣讓人動容，再平凡再普通的人只要有一顆愛心，一樣能做出讓所有人感動的善行。富不忘本，窮也不忘本，做一個真正的人，不只捐錢捐物有愛心，也真正付出行動去做慈善、做公益，這才是最真實的回饋社會。

以善小而為

孟子曰：人皆有不忍人之心。愛人之心，人皆有之；憐憫之心，人皆有之。故而，當同情弱者成為一種天性時，以善小而為才真正稱得上善。李嘉誠說，莫以善小而不為。世間任何事都是由小到大，積沙成塔。為小善而成就大善才是每個人都應該做的事情。

有人把慈善捐贈稱之為是一種時尚，也是一種習慣。說這不是根本政治制度問題，而是一種生活態度。的確如此，就如同心之天平，根本不是秤物的，而是一種平衡的態度一樣。要看到自己的力量，走出「我窮，我救濟不了別人」的誤區。

李嘉誠曾講過一個他親身經歷的故事，就很明晰的說明，為小善就可以助人的一生的故事。他說：

「我經常看見一個四五十歲很斯文的外省婦人，雖是乞丐，但她從不伸手要錢。我每次都會拿錢給她。有一次，天很冷，我看見人們都快步走過，並不理會她，我便和她交談，問她會不會賣報紙。她說她有同鄉幹這行。於是，我便讓她帶同鄉一起來見我，想幫她做這份小生意。時間約在後天的同一地點。客戶偏偏在前一天提出要到我的工廠參觀，客戶至上，我也沒辦法。於是在交談時，我突然說了聲『*Excuse me*』，便匆匆跑開。客人以為我上洗手間，其實我跑出工廠，飛車跑到約定地點。……見到那婦人和賣報紙的同鄉，問了一些問題後，就把錢交給她。她問我姓名，我沒有說，只要她答應我要勤奮工作，不要再讓我看見她在香港任何一處伸手向人要錢。」

這一個舉手之勞李嘉誠可以幫忙，我們自己或許也可以幫助她，這樣的人很多，就看有沒有人能夠付出行動。

有人說，為小善亦可以讓人幸福，內心得到寧靜。的確如此，善待社會，善待他人，並不是一件複雜的事，只要心中常懷善念，自己也會為之欣慰。

1848年，美國南部一個安靜的小鎮上，一聲刺耳的槍聲劃破了午後的沉寂。剛進警察局不久的年輕助手，聽到槍聲，就隨警長匆匆奔向出事地點。一位年輕人被發現倒在臥室的地板上，身下一片血跡，右手已無力地鬆開，手槍落在身旁的地上，身邊的遺書筆跡紛亂。他傾心鍾情的女子，就在前一天與另一個男人走進了教堂。

屋外擠滿了圍觀的人群，死者的六位親屬都呆呆佇立著，年輕的員警不禁向他們投去同情的一瞥。他知道，他們的哀傷與絕望，不僅因為親人的逝去，還因為他們是基督教徒。對於基督教徒來說，自殺便是在上帝面前犯了罪，他的靈魂從此將在地獄裡飽受烈焰焚燒。而風氣保守的小鎮居民，會視他們全家為異教徒，從此不會有好人家的男孩子約會他們的女兒們，也不會有良家女子肯接受這個家族男子們的戒指和玫瑰。

這時，一直雙眉鎖緊的警長突然打破沉默開了口：「這是一起謀殺。」他彎下腰，在死者身上探摸了許久，忽然轉過頭來，用威嚴的語調問道：「你們有誰看見他的銀掛錶嗎？」

那只銀掛錶，鎮上的每個人都認得，是那個女子送給年輕人唯一的信物。人們都記得，在人群集中的地方，這個年輕人總是每隔幾分鐘便拿出這只錶看一下時間。在陽光下，銀掛錶閃閃發光，彷彿一顆銀色溫柔的心。

所有的人都忙亂地否認，包括圍在門外看熱鬧的那些人。警長嚴肅地站起身：「如果你們誰都沒看到，那就一定是兇手拿走了，這是典型的謀財害命。」

死者的親人們號啕大哭起來，恥辱的十字架突然化成了親情的悲痛，原來冷眼旁觀的鄰居們也開始走近他們，表達慰問和弔唁。警長充滿信心地宣佈：「只要找到銀錶，就可以找到兇手。」

門外陽光明媚，六月的大草原綠浪滾滾。年輕助手對警長明察秋毫的判斷欽佩有加，他不無虔誠地問道：「我們該從哪裡開始找這只錶呢？」警長的嘴角露出一抹難以察覺的笑意，伸手慢慢地從口袋裡掏出了一只銀錶。

年輕人禁不住叫出聲來：「難道是……」

警長看著周圍廣闊的草原，依然保持沉默。

「那麼，他肯定是自殺。你為什麼硬要說是謀殺呢？」

「這樣說了，他的親人們就不用擔心他靈魂的去向，而他們自己在悲痛之後，還可以像任何一個基督徒一樣清清白白地生活。」

「可是你說了謊，說謊也是違背十誡的。」

警長用銳利的眼睛盯著助手，一字一頓地說：「年輕人，請相信我，六個人的一生，比摩西十誡重要百倍。而一句因為仁慈而說出的謊言，只怕上帝也會裝作沒有聽見。」

的確，生活中的小小善行，對我們來說或許是舉手之勞，但是卻能為他人解決莫大的困難，也能為社會增添一份愛的溫暖，更能給自己留下付出的快樂和內心的安寧，何樂而不為呢？

以善小而為，才能在任何時刻做出正確的舉措。一位作家將人生比作兩隻相互取暖的豪豬，彼此都渴望得到對方的溫暖。無論是誰，只要主動伸出自己的手，為哪怕一小點善，也能因此收穫心靈的共鳴，內心得到真正的富貴。羅曼・羅蘭說，不知道善意不一定就不能為善。善不是一種學問，而是一種行動。以善小而為，那麼你將栽種全世界。

錢財+心富=財富；財富+心貴=富貴

很多人都知道，看一人是否富有，就要估測他的身價。錢越多，他就越富有。那麼，富有就是真富貴了嗎？李嘉誠為我們做了這樣一個方程式：財富＋心貴＝富貴。

他說，「財富不是單單用金錢來比擬的。衡量財富就是我所講的，內心的富貴才是財富。如果讓我講一句，『富貴』兩個字，它們不是連在一起的，這句話可能得罪了人，但是，其實有不少人，『富』而不『貴』。真正的『富貴』，是作為社會的一分子，能用你的金錢，讓這個社會更好、更進步、更多的人受到關懷。所以我就這樣想，你的貴是從你的行為而來。」

引申到社會現實便是：有的人，他雖然非常長壽，但是，人家也沒有得他的益處，所以他這一生是有一點浪費了。所以，他雖生猶死。的確，一個人心富方能財富。一個人心貴方能富貴。口袋富不算富，心與口袋一起富，才是真正的富。富人與窮人最重要的區別就是不單有財，還有心富、心貴。

李嘉誠曾經說，他二十七八歲的時候，當賺了一些錢，一些富貴之家所擁有的都已什麼都不缺，也夠自己富足半輩子了。那樣就滿足了嗎？不，因為沒有心富。看看這些年來，從《富比士》到胡潤，各類財富排行榜充斥著人們的視野。丁磊、陳天橋、施正榮、張茵、楊惠妍……內地首富桂冠幾易其主，但他們依然在追求。很早就已經退居幕後的丁磊對於個人財富的激增不願意再發表任何評論。他只是說，不能太在意網易的股價和自己的身價。他說，他不希望財富的多少影響到自己的生活、工作及思考問題的方式。

因為財不是富，人只有在擁有巨額物質財富的同時，堅持追求自己的生活目標，為更多人創造財富，幫助更多人，自己的心靈才能富有起來。

真正的快樂，不是用金錢和權勢換來的，有錢有權的富貴們，不一定人人都快樂、個個都會領略生活的樂趣。真正的富翁們是樂善好施者，熱心於公益活動和慈善事業，投資或提供贊助資金，如修建孤兒院、學校、老年福利院、為殘障者辦福利工廠等。在各種捐資助款的慈善活動中，在各種賑災義演的場合裡，我們隨時可以看到他們的身影。

1980年李嘉誠基金會成立，主要在教育、醫療、文化、公益事業幾方面進行有系統的資助。根據基金會網站公佈的數字，這些年來，基金會已捐和承諾捐出的款項已經達到約76億港元。而在2005年年初，李嘉誠把自己持有的加拿大帝國商業銀行的普通股份出售，並宣佈由此得到的約78億港元的收入全部捐作公益事業。這筆捐贈成為全球華人圈內有史以來最大的一筆公益事業捐款。李嘉誠說：「能夠在這個世上對其他需要你幫助的人有貢獻，這個是內心的財富。」

霍英東叱吒商界半個世紀，但他說：「做人，關鍵是問心無愧，要有本心，不要做傷天害理的事。」成為巨富後，霍英東從未忘記回報社會：「今天雖然事業薄有所成，也懂得財富是來自社會，應該回報於社會。」一個人只有當他用好了每一分錢，才能做到事業有成，生活幸福。

當現代人越來越重視對金錢、權勢的追求和對物質的佔有的時候，正是這些真正的富貴者們告訴了人們，什麼才是最重要的。

現實生活中也是如此，故而，若想咀嚼到人生的真趣味。就應該明白何為真財富、真富貴。其實，財富人生，是一種境界，更是一種感覺。當我們有一個商業帝國作為後盾支撐的時候，「身心託付事業，財富回報社會」才是最能體現自己價值的。有些人談到富有，就指錢財。事實上，金錢本身並不等於富有，唯有具備與金錢價值相等的東西才是真正的財富。這就是心富、心貴。任何人要想成為真正的富人，必須先豐富自己的心靈，物質上的富有只是表面的富貴，精神上富有才是真正的富貴。

做善事不能沽名釣譽

2008年5月12日，四川大地震，第二天李嘉誠就以李嘉誠基金會的名義，向四川地震災區捐助3000萬元人民幣賑災。第二輪捐助更達1.2億元，而這只是李嘉誠慈善事業的冰山一角。這是沽名釣譽嗎？有誰會為了沽名釣譽如此迅捷捐助，並且不大張旗鼓？

2006年8月，李嘉誠宣佈把其私人持有的約28.35億股長江生命科技股份悉數捐給李嘉誠基金會，這些股權總值約24億港元。李嘉誠還承諾，未來還將再有鉅資投入，「直到有一天，基金會一定不會少於我財產的三分之一。」據估算，基金會未來收到的捐款將超過80億美元。這是沽名釣譽嗎？有誰會為了沽名釣譽賠上自己一生辛勤打造的財富帝國大半金錢？

是的，當今隨著對善行的推崇，社會上也出現了過分誇張善行，過分強調「付功」的現象。人們從一次次的「博名」、「詐捐」中獲得了一個經驗，那就是「沽名釣譽」。但是，實際分析我們便能發現，這只是一種十分主觀臆斷的行為。

李嘉誠並沒有因此而寒心，因為他知道，做善事不是為了給別人看，更不是為了沽名釣譽，所以他低調，很多時候都是過去很多年慈善行為才被挖掘出來。不管順境、逆境都持之以恆地待人以善心；特別是在受到他人的諷刺、毀罵、誤解時也不改為善之心。

在《家園雜誌》上曾有一篇人生感悟，篇名叫《不管怎樣，總是要——》在加爾各答兒童之家牆上寫著這樣一段話：

如果你做善事，人們說你沽名釣譽，別有用心，不管怎樣，總是要做善事。

你所做的善事明天就被遺忘，不管怎樣，總是要做善事。

誠實與坦率使你易受欺騙，不管怎樣，總是要誠實坦率。

……

將你所擁有的最好的東西獻給世界，你可能會被踢掉牙齒，不管怎樣，總是要將你所擁有的最好的東西獻給世界。

強調內心的感受，而不是沽名釣譽，說些冠冕堂皇的話，讓我們可以從側面發現一個人內心的真實想法。李嘉誠之所以低調，在很大程度上正是源自於其對自我感受的重視，和對他人話語的寬容。一個人生之如斯，當無愧於天下。

香港富商余彭年亦是如此。他欲將畢生財產捐給慈善福利事業。一個人就要八十歲了，他為慈善事業捐出自己畢生奮鬥得到的萬貫家財，你會認為其是在追求名利嗎？

曾有記者這樣問道：如果有人認為您做善事是為沽名釣譽，您會怎麼想？他很坦率地回答：「我做善事不求任何回報，做了那麼多善事，我從不接受戴任何帽子（頭銜）——除了深圳市榮譽市民，這個稱號就足夠了。我向老家湖南也捐了數千萬善款，但一個湖南的頭銜都沒接受，也沒有和湖南做一筆生意，何必要有交換條件呢？」

他表示，「我沒有什麼養生之道，做善事就好有精神。做善事就是我的養生之道。」

一個人一生做幾件善事並不難，難的是一輩子做善事，這種不管在任何情況下都要一心與人為善的境界，是需要長期磨練才能達到的，這種富不忘本，平心靜氣的情懷才是真真正正富貴的體現。

奉獻乃人生一大樂事

如果說創造財富是一種苦樂相濟的體驗，那麼，奉獻財富便是一種情有獨鍾的享樂，「聚財的苦楚自己攬，創富的甜果大家品」；「錢財之枝結金銀之果，美德之樹長名望之根」；「贈出金錢心坎富，撿來好話嘴不貧」。只有兼收並蓄，才能不斷開拓美好的人生前程。

巨富之後，人們常常面臨這樣的選擇：是為富不仁，還是回報社會？作為華人首富的李嘉誠對此有明確的回答：奉獻乃人生一大樂事。

既然財富取之於社會，就該施報於社會。他說：「財富到某一個數字，衣食住行都無虞，握在手裡的用途就不大。如果你不能做到慷慨割捨、有愛心的話，是沒有太大意義的，頂多就是遵照華人的傳統觀念，一代交給一代，如此而已。」李嘉誠說：「但如果能將建設社會的責任，與延續後代一樣重要，選擇捐助財產有如分配給兒女一樣，那我們今日一念之悟，將為明天帶來更多的新希望。」

李嘉誠曾經講過范蠡的故事，作為他「奉獻的藝術」中的主要案例。

范蠡是《史記・貨殖列傳》中所記的第一人，他博學多才，是春秋時代著名的政治家。他有謀略，有淵博及系統化的經濟思維，他的經濟智慧為他贏得巨大的財富。范蠡的「積著之理」研究商品過剩或短缺的情況，說出物價漲跌的道理；怎樣抓住時機，貨物和現金流的周轉，要如同流水那樣生生不息。范蠡的「計然之術」，還試圖從物質世界出發，探索經濟活動水準起落波動的根據；其「待乏」原則則闡明了如何預計需求變化並做出反應。他主張平價出售糧食，並平抑調整其他物價，使關卡稅收和市場供應都不缺乏，才是治國之道，更提出了國家積極調控經濟的方略。「旱時，要備船以待澇；澇時，要備車以待旱。」強調人們不僅要尊重客觀規律，而且要運用和把握客觀規律，應用在變化萬千的經濟現象之中。

我覺得范蠡一生可算無憾，有文種這樣知心相重的朋友；有共度艱難，共度辰光的西施為伴侶，最重要的是，有智慧守候他的終生。我相信他是快樂的，因為他清楚知道在不同時候，自己要擔當什麼角色，而且都這樣出色，這麼誠懇有節。勾踐敗國，范蠡侍於身後，不被夫差力邀招攬所動。范蠡助勾踐復國後，又看透時局，離越赴齊，變名更姓為鴟夷子皮。他與兒子們耕作於海邊，由於經營有方，沒有多久，產業竟然達數十萬錢。

齊國人見范蠡賢明，欲委以大任。范蠡卻相信「久受尊名，終不是什麼好事」，他散其家財，分給親友鄉鄰，然後懷帶少數財物，離開齊到了陶，再次變易姓名，自稱為陶朱公。他繼續從商，每日買賤賣貴，沒過多久，又積聚資財巨萬，成了富翁。

范蠡老死於陶。一生三次遷徙，皆有英名。他歷盡艱辛協助勾踐復國，又看透勾踐不仁不義的性格，他建立制度，卻又害怕制度；他雄才偉略，但又厭倦社會的爭辯和無理；他成就偉大，卻深刻體會到世間上最強最有殺傷力的情緒是嫉妒，范蠡為什麼會有如此消極的抗拒（不參與本身就是一種抗拒）？

李嘉誠曾拿范蠡與美國富蘭克林對比，他說：「范蠡改變自己遷就社會，而富蘭克林推動社會的變遷。他們在人生某個階段都扮演過相同的角色，但他們設定人生的座標完全不同，范蠡只想過他自己的日子，富蘭克林利用他的智慧、能力和奉獻精神建立未來的社會。就如他們從商所得，雖然一樣毫不吝嗇餽贈別人，但方法成果有天淵之別；范蠡贈給鄰居，富蘭克林用於建造社會能力，推動人們更有遠見、能力、動力和衝勁。有能力的人可以為社會服務，有奉獻心的人才可以帶動社會進步。」

他推崇范蠡，但因為時局所困，范蠡的影響範圍卻是有限。而富蘭克林用另一條路打開了更為寬廣的門：他出身清貧，卻以辦報、出版，展現他對公共事業的熱心，他的印刷業為他帶來財富，他又利用財富建立圖書館、學校、醫院。他在美國成功獨立後，卻「讓位」給華盛頓，從另一方面協助建立美國的民主體制，美國人民稱他為「偉大的公民」。

這兩種奉獻交錯展示，我們便能發現富的力量。而富不是根本，根本在於奉獻，在於風險的方式。李嘉誠正是致力於社會的幸福與進步，致力於改變公益事業的現狀而努力的，也因此，他是一位偉大的企業家。

他走的是經商之路，卻成就了富不忘本，成為了亞洲最偉大的慈善家。奉獻即是如此，為公益事業，我們無怨無悔，反而其樂可見。

國家圖書館出版品預行編目資料

華人首富李嘉誠致富心路 / 姜 波 著一 版.
-- 臺北市 :廣達文化, 2012.6
; 公分. -- (文經閣)(文經書海 69)
ISBN 978-957-713-502-5(平裝)
1.成功法 2.生活指導

177.2　　101008733

李嘉誠財富方程式

錢財+心富=財富；財富+心貴=富貴

財富不是單單用金錢來比擬的。衡量財富就是我所講的，內心的富貴才是財富。
如果讓我講一句，『富貴』兩個字，它們不是連在一起的。
這句話可能得罪了人，但是，其實有不少人，『富』而不『貴』。
真正的『富貴』，是作為社會的一分子，能用你的金錢，
讓這個社會更好、更進步、更多的人受到關懷。
所以我就這樣想，你的貴是從你的行為而來。——————華人首富 李嘉誠

華人首富
李嘉誠致富心路

榮譽出版：文經閣

叢書別：文經書海 69

作者：姜波 著

出版者：廣達文化事業有限公司
Quanta Association Cultural Enterprises Co. Ltd
發行所：臺北市信義區中坡南路路 287 號 4 樓
電話：27283588　傳真：27264126　　E-mail：*siraviko@seed.net.tw*
劃撥帳戶：廣達文化事業有限公司　帳號：19805170

印　刷：卡樂印刷排版公司
裝　訂：秉成裝訂有限公司

代理行銷：創智文化有限公司
23674 新北市土城區忠承路 89 號 6 樓
電話：02-2268-3489　傳真：02-2269-6560

CVS 代理：美璟文化有限公司
電話：02-27239968　傳真：27239668

一版一刷：2012 年 6 月

定　價：270 元

本書如有倒裝、破損情形請於一週內退換

書山有路勤為徑，學海無涯苦作舟